UNREAD

尼采
这么说，

我们
怎么做

Nathanaël Masselot

[法] 纳塔内埃尔·马赛洛 著
狄佳 译

Agir et penser comme
NIETZSCHE

贵州出版集团
贵州人民出版社

图书在版编目(CIP)数据

尼采这么说,我们怎么做 /(法)纳塔内埃尔·马赛洛著;狄佳译. -- 贵阳:贵州人民出版社,2023.5(2023.9重印)
ISBN 978-7-221-17627-1

Ⅰ.①尼… Ⅱ.①纳…②狄… Ⅲ.①尼采(Nietzsche, Friedrich Wilhelm 1844-1900)—哲学思想 Ⅳ.①B516.47

中国国家版本馆 CIP 数据核字(2023)第 064378 号

AGIR ET PENSER COMME NIETZSCHE

By Nathanaël Masselot

© Éditions de l' Opportun 2020
Published by special arrangement with Les Éditions de l' Opportun in conjunction with their duly appointed agent 2 Seas Literary Agency and co-agent The Artemis Agency
Simplified Chinese translation copyright © 2023 by United Sky (Beijing) New Media Co., Ltd.
All rights reserved.

著作权合同登记号 图字:22-2023-014 号

NICAI ZHEME SHUO, WOMEN ZENME ZUO

尼采这么说,我们怎么做
[法]纳塔内埃尔·马赛洛 著
狄佳 译

出版人	朱文迅
特约编辑	宁书玉
责任编辑	杨礼
封面设计	@吾然设计工作室
责任印制	赵路江

出 版	贵州出版集团 贵州人民出版社
地 址	贵州省贵阳市观山湖区会展东路 SOHO 公寓 A 座
发 行	未读(天津)文化传媒有限公司
印 刷	三河市冀华印务有限公司
版 次	2023 年 5 月第 1 版
印 次	2023 年 9 月第 2 次印刷
开 本	880 毫米×1230 毫米 1/32
印 张	8
字 数	180 千字
书 号	ISBN 978-7-221-17627-1
定 价	49.80 元

关注未读好书

客服咨询

本书若有质量问题,请与本公司图书销售中心联系调换
电话:(010) 52435752

未经许可,不得以任何方式
复制或抄袭本书部分或全部内容
版权所有,侵权必究

献给阿什顿和维什努

目录

前言
尼采,最熟悉的陌生人! ⋯⋯⋯⋯⋯⋯⋯⋯⋯⋯⋯⋯⋯ 1
尼采的哲学思想到底是怎么回事? ⋯⋯⋯⋯⋯⋯⋯⋯ 2
我的目标 ⋯⋯⋯⋯⋯⋯⋯⋯⋯⋯⋯⋯⋯⋯⋯⋯⋯⋯⋯ 4
如何阅读本书 ⋯⋯⋯⋯⋯⋯⋯⋯⋯⋯⋯⋯⋯⋯⋯⋯⋯ 4

阅读指南 ⋯⋯⋯⋯⋯⋯⋯⋯⋯⋯⋯⋯⋯⋯⋯⋯⋯⋯⋯ 5
章节 ⋯⋯⋯⋯⋯⋯⋯⋯⋯⋯⋯⋯⋯⋯⋯⋯⋯⋯⋯⋯⋯ 5
建议 ⋯⋯⋯⋯⋯⋯⋯⋯⋯⋯⋯⋯⋯⋯⋯⋯⋯⋯⋯⋯⋯ 5
像尼采一样思考 ⋯⋯⋯⋯⋯⋯⋯⋯⋯⋯⋯⋯⋯⋯⋯⋯ 5
个性化的阅读顺序 ⋯⋯⋯⋯⋯⋯⋯⋯⋯⋯⋯⋯⋯⋯⋯ 6

导言
让我们勇敢出发! ⋯⋯⋯⋯⋯⋯⋯⋯⋯⋯⋯⋯⋯⋯⋯ 7
1 尼采是位敏锐的心理学家 ⋯⋯⋯⋯⋯⋯⋯⋯⋯⋯⋯ 9
2 未来的哲学家 ⋯⋯⋯⋯⋯⋯⋯⋯⋯⋯⋯⋯⋯⋯⋯⋯ 15
3 一种完全没有"性别差异"的哲学? ⋯⋯⋯⋯⋯⋯⋯ 21
4 哲学家之间的对局 ⋯⋯⋯⋯⋯⋯⋯⋯⋯⋯⋯⋯⋯⋯ 27
5 警惕自己的习惯 ⋯⋯⋯⋯⋯⋯⋯⋯⋯⋯⋯⋯⋯⋯⋯ 33

第一部分
尼采,无奈之下给自己治病 ⋯⋯⋯⋯⋯⋯⋯⋯⋯⋯ 41
6 每个人都是自己最好的医生 ⋯⋯⋯⋯⋯⋯⋯⋯⋯⋯ 43
7 用哲学治愈自己 ⋯⋯⋯⋯⋯⋯⋯⋯⋯⋯⋯⋯⋯⋯⋯ 51
8 疾病与"发疯" ⋯⋯⋯⋯⋯⋯⋯⋯⋯⋯⋯⋯⋯⋯⋯⋯ 57
9 找到属于自己的表达方式 ⋯⋯⋯⋯⋯⋯⋯⋯⋯⋯⋯ 63
10 关于道德的谱系学研究 ⋯⋯⋯⋯⋯⋯⋯⋯⋯⋯⋯⋯ 69
11 敢于挑衅,也敢负责 ⋯⋯⋯⋯⋯⋯⋯⋯⋯⋯⋯⋯⋯ 75

I

第二部分
尼采，自由的精神 — 81
12 颠覆与摆脱 — 83
13 自由精神 — 89
14 警惕概念陷阱 — 95
15 比喻的力量 — 101
16 没有事实，只有阐释 — 107
17 日神与酒神 — 115
18 历史并非单一真理 — 123
19 不要扮演受害者 — 131
20 遗忘绝非缺陷 — 139
21 本能是对个人特征的表达 — 147

第三部分
尼采时而很激进 — 155
22 羊群心态是一种社会疾病 — 157
23 敌基督者 — 163
24 虚无主义 — 171
25 成为孩子 — 179
26 新一代贵族 — 185
27 永恒回归 — 193
28 化疲惫为动力 — 199

第四部分
尼采这个人 — 205
29 优秀的欧洲人 — 207
30 培育与驯服 — 213
31 追求精神 — 219
32 利己主义并非缺点 — 225
33 命运之爱 — 233
34 意志，强大的意志 — 239

结语 — 247

前言

尼采，
最熟悉的陌生人！

||||||||||||||||||||

　　大家都知道尼采，起码听说过，但深入研究过他著作的人可真没多少。这位**大哲学家**和那些**大人物**有一点相似：最常被人谈及，却最少与人深交。钻研尼采当然再好不过，但我必须承认，潜心于某一本书可不是我最喜欢做的事。还有太多别的东西等着我阅读、倾听、思索、体验……我觉得这也是人之常情：没有充分的理由，怎么会去钻研某种新思想呢？尤其是这一位，还故意把书写得那么难读。

　　弗里德里希·威廉·尼采代表的哲学既令人心驰神往，又叫人琢磨不透——在哲学里，只要这两个形容词被放在一起，必定相互增强，双双实力倍增，说起来这也是件怪事！不过，经常读读他的作品，确实可以收获不少好处。他这个人特立独行，和他做伴，翻翻他的书，能够改变人的一生。尼采相当大胆，在阐述自己思想的时候，他会希望你不仅是名读者、不仅是名看客。他会邀你真正沉浸于哲学之中。

　　纵身跃入哲学作品之前需要怀有最初的良善之心。手捧书卷的时候，你就已经迈出了一大步。对尼采而言，说"纵身跃入"，完全就是字面意思：

跟随他的文字，我们将不顾一切地扎进"存在"，挖掘它的隐秘之处，直视它的阴暗面，体会它的极端、精妙和细腻。

尼采的哲学思想到底是怎么回事？

简单来说，尼采的思想以极其人性的方式描述了"存在"这个概念。在开读之前，我们可能还没做足心理准备，所以起初也许会有种类似落水的感觉，但别担心，借助他的话语，我们还能"浮"起来，并把握自己的个性特质。在摆脱数不胜数的假象之后，我们就会像**柏拉图的"洞穴比喻"**[1]中被释放的囚徒一样，坚定不移地走下去。在尼采的帮助下，我们会不断地上下浮潜，有时甚至连自己都浑然不觉，并越发细致地编织定义我们存在意识的精妙网络。慢慢地，我们变得善于拿着放大镜审视自己的好恶，也更加了解作为个体的自己。很快我们就会发现，自己已经准备好从高处凝视、反思自身所处的文明。尼采的哲学思想揭示了"存在"的几个关键方面，包括我们的疾病和我们时而令人恼火的对意义的追求。当我们甩掉了时间给予的负担，当我们抹去了文明在肌肤上刻下的痛苦烙印，当我们从深入骨髓、令人绝望的"人性"旧习中自我解放，尼采的哲学思想就会解读并释放我们的热情。

尼采的一生绝不能用幸福、轻松或平静来形容。他每天都要与疾病做斗争，寻找治疗方法，寻找适宜生活的地方，有时甚至需要寻找适宜生存的地方。他曾是大学教授，教古典语文学[2]，而非哲学。任教期间，他无法得到同行的

---

[1] 根据柏拉图在《理想国》第七卷中的叙述，苏格拉底曾用"洞穴比喻"来描述人生本质。这段话在整个哲学史上引起了强烈反响。在这个比喻中，一些囚徒被绑在洞穴里，只能看到投向洞壁的影子。他们唯一能够接触到的"现实"就是这些影子，却与映出影子的实体相去甚远，更远离洞穴之外的自然世界。苏格拉底的比喻启发我们深思：我们认为的"现实"到底是什么？囚犯们的住所实际上是监狱，不只囚禁了身体，更把他们的心灵绑缚在感性世界的假象与幻影上。苏格拉底在描述实体性质（这段文字的本体论层面）并展现其可能性（知识论层面）之后，最终提出一个道德问题：如果我们意识到自己被囚禁，也就是说，意识到感性世界对我们的束缚过于强大，以至于遮蔽了我们的双眼。那么，我们应当怎么做？——原注

[2] 古典语文学是从历史角度对语言和文本进行研究的学科。——原注

认可、身边人的理解,即便在他死后,这种情况也持续了很长时间。终其一生,无论是在感情上还是在艺术上,他都怀有炙热而浓烈的热情,但其中最常出现的情感是失望,最典型的事例恐怕就是他和瓦格纳之间的那段往事。甚至连他的家人也曾深深背叛他。他的妹妹不仅和一名公开仇视犹太民族的激进分子结婚,还在尼采生命最后十年里,在他身体非常衰弱的时候,以照顾他为由,严重篡改了他的哲学思想。

我们脑海中的尼采,思想犀利、精神永存,但在这些思想的背后,他的人生本身就是人之存在的缩影。对个中原因,他会给出相应的哲学解释,本书之后也将对其逐一清晰展示。因此,尼采的书里绝不**仅有**他的哲学思想:通过书中的文字,我们总能看到他的人生,也能看到自己的人生。他不一定是可效仿的榜样,他更像是人生的一个样本。尼采的生命催生出无数的人生可能性,有成功,也有沉痛的挫败。它给了我们一个机会,帮助我们找到自己的位置,更加深刻地了解作为个体的自己。虽然这听起来令人惊讶(因为这也太吹捧我们这些谦逊的读者了),但尼采的确说过,他也需要我们。在《人性的,太人性的》前言中,他写道:"为了治愈与康复,我越来越迫切地需要一种信念,去相信,这样的人,并非只有我一个;这样看世界的,也并非只有我一人。"[1]

对我们的关注,尼采并没有以现成的知识作为回报,而是大胆地认为自己或许能够做到"授我们以渔":在尼采的邀请下,你将被邀请利用"诠释"来筛选自己的信念,评估自己的思想框架,并对自己的存在给出一份个性化的诊断结论。学会谱系学方法之后,你肯定能以全新的目光重新审视"你的"道德观念。你完全可以合理地期待从尼采那里获得这些好处。

为此,这本小书希望以谦逊但真诚的态度陪伴你在尼采的哲学世界里遨游,帮助你清晰地领会他的理论版图,然后在其中留下自己的足迹。

作为专门研究尼采的大量文献中的一员,我们这本书并不打算朝学术方向发展(当然,虽然不会处处指明,但本书内容还是会以最新的学术研究成

---

[1] 引自《人性的,太人性的》上卷,前言,第1节。——译者注

果为基础），也不打算写成纯粹的娱乐搞笑书，当然，更不打算写成有关个人发展的诀窍集锦。我会努力做到将上述特点融合起来，其实这一点也来自尼采本人的想法。大多数时候他会相当主动地不让自己被贴上分类标签，不愿意被称为研究古典语文学的哲学家、疯狂的天才、极端的离群索居者……他本人具有多面性，关于他个性的描述也常常不乏矛盾之处，想用唯一的解读方式来限制他的作品是不可能的。

我的目标

我希望能够带你轻松地进入尼采的世界，激发你继续前行的欲望，在你心中点燃新的火焰。想要实现这个目标，就必须确立一个前提：不要沿用他人看待尼采的视角。请相信我，在如何解读尼采这个问题上，就算对专家而言，就算对大学教授而言也无法达成共识。如今尼采之所以能够跻身哲学家的万神殿[1]，正是因为他邀请每一位读者秉持平常心，同时鼓起勇气去自主思考，也就是说，鼓励他们设计一条属于自己的存在之路。

如何阅读本书

可以从头读到尾按顺序读，也可以选择性地只读其中几篇，挑你感兴趣或让你好奇的主题。那么，面对有史以来最重要的哲学家之一，如果让你沿着个性化路线，在他的作品中留下自己的足迹，你觉得怎么样？既然尼采敢于扬言自己的作品能够以不同的方式揭示人类的存在，那你呢，敢不敢相信他能被证明是对的？他是个现实派，很清楚这样的复兴无法立刻到来。我相信，他等的就是我们这代人。在一个半世纪[2]之后的今天，他的话语弥足珍贵。迫不及待了吗？好的，让我们开始吧！

---

1 他本人的遗体还留在德国吕肯一座不起眼的教堂里，那是他曾经受洗的地方。——原注
2 1870年，尼采26岁。当时他是刚刚开始在瑞士巴塞尔大学工作的青年教授，专攻古典语文学。他才华横溢、充满激情。用不了多久，他就将改变方向，真正投身哲学。——原注

阅读指南

章节
用34个主题讲述尼采

本书会按不同主题为你介绍尼采的思想。事实上,尼采的思维发散性很强,在他的作品中很少有(甚至根本找不到)遵循完美说教式逻辑的线性阐述。我们这位作者有意将自己的思想碎片化,因此在表达时经常采用语录式结构。希望我们也能有胆量这样做!

尼采:作为哲学家,作为人

你会发现,一些章节围绕尼采思想中的某一点展开,例如习惯的力量、对其他哲学家的批判、对待过去与未来的态度等;另一些章节则偏重于介绍尼采的人生,描绘他生命中的某些方面:你知道他被人说成"疯子"吗?你知道他也会给自己当医生治病吗?你知道他那挑衅的态度背后隐藏了什么吗?

建议

每章末尾都有一段建议,请根据其中的提示总结回顾该章内容,并以尼采的思想来激励自己吧!

像尼采一样思考

那么,你会如何将刚刚读到的内容活用起来?在每章的这一板块中,请直视自我,以尼采的思想为鉴,重新审视自己的存在。

个性化的阅读顺序

面对关于尼采的作品,来设计一个专属于自己的阅读顺序吧!

你可以根据自身偏好选择:

- 从头至尾完整阅读本书
- 只读自己感兴趣的章节
- 按照每章末尾的建议,构建个性化路线!

为了更沉浸其中、让体验更独特,请跟随自己的心意,自由地发挥你的好奇心,不加犹豫地在各个章节之间跳转。走近尼采的最佳方式,就是自己的方式!

导言

让我们勇敢出发！

我已经把许多事物踩在脚下……但我还是需要时间，需要健康，需要后退几步、拉开距离，直到我心中产生剥离、发掘、扒光、"暴露"的欲望。往事也好、宿命也罢，去展示我曾经历并超越的那些东西[……]。我的所有文字[……]都是在说我的过去。[……]在反对"历史病"时，我说的那些话，就来自学会了如何从历史病中艰难、缓慢痊愈的那个人。

——《人性的，太人性的》，第二卷，前言，第1节

1

尼采是位敏锐的心理学家

在我之前,哲学家中有谁是心理学家呢?有谁不是心理学家的对头,不是"超级大骗子""唯心主义者"呢?在我之前,根本就没有心理学。

——《瞧,这个人》,"为什么我是命运",第6节[1]

---

[1] 本书中涉及该书的译文均引自《瞧,这个人》,刘凤怡译,北京联合出版公司,2018年。——译者注

尼采是位敏锐的心理学家，非常敏锐，他自己也知道这一点！这么看来，尼采也有点儿……太自命不凡了吧？首先，请注意一点，他说自己是*心理学家*，而不是"心理学家"。（请明确，这里的楷体内容与引号中的内容代表着完全不同的概念！）他的意思是，他研究的心理学与大家说的心理学不一样：与他那一代人的伪心理学不一样，与过去那种伪心理学更是不同。当尼采研究心理学的时候，他并没有把我们关在自身思想的迂回之中。尼采心理学的研究对象更深入、更广泛。

1900年，弗洛伊德首次发表了关于无意识的研究。尽管在此之前尼采已经将意识视为对无意识领域的展现，但尼采终归不是弗洛伊德，他观察到的机制与这位精神分析之父的见解存在很大不同。尼采的兴趣并不在于寻求**解释说明**（类似于：罪魁祸首嘛，就是某某事或某某人，比如没能陪在我身边的父亲），而在于**评估**我们的信念。尼采所说的审视自我，其目的并不在于诠释意识活动并阐明其隐藏含义，而在于试图**重新建立起一条亲密纽带，这超越了严格意义上的我们的"个体"**。乍一看，这可能有些奇怪，但作为心理学家的尼采探讨的并不仅限于**我们的**意识或**我们的**心灵。他探讨的是整个存在的内在！

尼采认为，他的心理学是一条路，通往那些根本的问题。它是一种情感心理学，一种处于意识之下的冲动心理学。尼采心理学率先使用了某些语义要素，这些要素之后被精神分析学吸收，并加以深化。不过，精神分析学毕竟根植于另外一套完全不同的体系。尼采谈到无意识的时候并没有做任何划分，在他看来并不存在生理与心理、肉体与精神之分。作为心理学家的尼采也是医生和生理学家，因为人类首先是一种生物：无论人类有多复杂，他们最鲜明的特质依然是"活着"。

为了揭示无意识这片极其广阔的心理领域，有时必须使用一些非同寻常的词语。我们有必要回到我们诠释生命的源头，有必要再去看看推动我们实现自我的那股动力。从这个层面上说，尼采心理学甚至也在邀请我们展望未来。

**不要只是
审视自我！**
通过实践尼采语境下的心理学，
你将窥见存在的深层意义。

➜ 像尼采一样思考

你是否意识到了审视自我的力量有多强大？也许你已经尝试过这种审视自己内心的方法，并从中得到了满足。但是，你是否注意到，望向自己内心深处的时候，显露出来的并非只有**你自己的生命**？你是否已经感受到，我们的感受、记忆，甚至那些被我们视为"隐私"的东西，其实并不只属于我们自己？在我们的内心世界里，在我们的往事中，也混杂着他人的过去，而我们自身的社会发展经历以及所有情绪价值也在其间纵横交织。我们必须用尽全力，才能从中找到真正属于我们自己的东西。尼采将告诉我们如何从中找到自己。请跟随指引。

个性化路线

"你是什么,就成为什么。"这是尼采的至理名言。
生命与意志的一切发展都具有历史性,
所以关于这个话题也催生出许多分支。

请选择你的路线!

你认为没有人类对人和世界的看法就没有心理学?
↳ 请前往第24章:虚无主义

你认为思考时有必要超越界限?
↳ 请前往第3章:一种完全没有"性别差异"的哲学?

你更倾向于立刻了解尼采如何以自己的方式
进行心理学研究?
↳ 请前往第9章:找到属于自己的表达方式
↳ 或第10章:关于道德的谱系学研究

2

未来的哲学家

尘世间现在的和过去的——啊！我的朋友们——那就是我最不能忍受的；如果我不是先知、不知道未来定将发生什么，那我恐怕也不知道如何去活。一个先知，一个打算做点儿什么的人，一个创造者，一个未来本身，一座通往未来的桥……

——《查拉图斯特拉如是说》，第二部，"拯救"

你是否想过，练习思考能帮你预见未来？显然，答案是肯定的：思考是为选择与行动做准备的绝佳方法。例如，亚里士多德会告诉你，我们会考虑如何以最佳方式达成目标。对此，尼采的答复是，还要确定这目标是否的确来自我们自己。也就是说，我们应该知道如何与让我们对自己感到陌生的事物决裂，就从过去开始！

尽管古代哲学的确有一些可取之处，但真正的哲学家只能属于未来！这就是尼采乐观的一面：他相信哲学，但在他看来，哲学家从未出现，或者说，还未真正出现。

那过去的哲学家呢？尼采批判他们，谴责他们的教条与野心、盲目与误解。为了避免走上失败的老路，他经常寻找新的表达方式，避免与大多数人相同。例如，尼采的《快乐的科学》由一系列警句构成，书中多用较短的句子。他并没有遵循某个明显的逻辑，为的是邀请我们一同冲破桎梏，抛弃一贯的用现成理论"炒冷饭"的懒惰习性。

他不仅与哲学论文的传统形式一刀两断，甚至还顶撞权威，批判苏格拉底。不过，批判对象并非苏格拉底本人的文字。事实上，柏拉图相当不信任那些已经写成的书面文字，因此总是以对话的形式讲述苏格拉底的故事，这是一个能够避免思想的活力被麻痹的小小的缺点。[1]

---

[1] 我们对苏格拉底的了解并非来自他本人写的书，而是来自其他人对其思想的记录。如果说柏拉图的文字记载是其中最具说服力的，那么读者们一定要牢记：历史上的苏格拉底（他本人的确什么书都没写过）与柏拉图笔下的苏格拉底，两者之间一定是有区别的，不过，就连专家们也很难明确指出到底是哪些地方有区别。当然，尼采谴责的并非苏格拉底本人，而是苏格拉底被"柏拉图化"的人物形象，他将其视为柏拉图思想的外在表现与陪衬。——原注

那么，如何才能从根本和形式上批判哲学，又不否认其现实意义呢？未来，为什么还要当个哲学家？做点儿别的不好吗？艺术家、政治家、敢于行动的人……如此批判哲学是故意顶撞还是挑衅？更非同一般的是，尼采声称自己是哲学家，但同样是艺术家、政治家、敢于行动者中的一员！的确，他是哲学家，但在他自己看来，他属于新型哲学家。想要理解他，我们就不能被老生常谈的标准化标签蒙蔽双眼。《善恶的彼岸》这本书的副标题是"未来哲学的序言"，这绝非巧合。

继续前行!
不要画地为牢、沉溺于过去。
培养自信,
这股力量会带你望向未来,
帮你执行人生计划。

➔ 像尼采一样思考

进行哲学思辨的时候，尼采不要求你拥有任何历史、哲学的相关知识。在拿起你的乐器之前，完全没必要先学五年乐理知识。尼采一定会告诉你，让音符变得苍白无力的，恰恰是和弦！你看不明白那些对笛卡尔、斯宾诺莎和康德的引用吗？尼采会回答说，那再好不过，因为不用浪费时间去摆脱他们的不良思维习惯了！你可以将尼采的批判元素化为己用，构建自己的思维。哲学面向未来，你也是如此！

个性化路线

你如何看待与传统哲学的决裂？你认为这是智慧的表现吗？你想进一步强化你的观点吗？

↳ **请前往第29章：优秀的欧洲人**

↳ **或第30章：培育与驯服**

你想了解尼采叛逆的一面吗？

↳ **请前往第13章：自由精神**

↳ **或第4章：哲学家之间的对局**

未来，你可能会决心进一步捍卫自己的价值观，

↳ **请前往第26章：新一代贵族**

3

一种完全没有"性别差异"的哲学?

混合类别见证了创作者对自身力量的不信任[……]——诗人借助哲学,音乐家依靠戏剧,思想家运用话术,皆是如此。

——《人性的,太人性的》,
第二卷,"杂乱无章的观点和箴言",第139节我们的确需要哲学，但应当是一种新型哲学，来自新型哲学家——或许，我们可以称它为"无性别"哲学。

"无性别"（或拒绝二元概念）是一个相对较新的辩论主题，近年来发展势头强劲，有些人甚至讽刺它的整体立场。不过，在尼采看来，的确存在一些真正的哲学理由来严肃对待支持"无性别"主张者的意见。

尼采认为，与性别严格有关的任何问题都应当以"拒绝二元论"为前提，也就是说，不需要知道谁是女人、谁是男人，或者谁不是男人、谁不是女人（在选项间进行严格划分，这种行为显然标志着二元思想的贫瘠）。表面上，尼采在文章中会使用"男人"和"女人"这两个词。他有时会使用形容词"女性化"，时而为了表达贬义，形容缺乏意志的坚毅；时而为了表达褒义，描绘音乐的**女性**特质。

一旦我们允许自己超越表面现象——并把"尼采只是个有厌女情结的卑鄙小人"这个想法放到一边，那么，我们就能意识到，在他的笔下，"男人"和"女人"并非二元对立，也就是说，并非在本质上对立的概念。为什么要超越善恶之分去看待事物呢？原因在于，如果需要处理的是两个互相对立的类别，我们就会觉得一切都非常简单。可这样的参照点尽管拿来即用，但也是刻意且贫瘠的。事实上，所有事物都处于两极之间。**那么，为什么要禁锢我们的思想？为什么要把自己锁在二元逻辑里？**将事物过于简单地分门别类会阻碍我们，让我们无法看到其真实面目。我们总是试图将现实锁定在贫瘠的门类里，尤其是在互相对立的门类里，但现实本身远比这些门类标签缤纷得多。

**敢于超越门类标签
去思考并肯定自己!**
尤其是当这些标签声称
二元逻辑下的解决方案能够
让你的生活更加轻松时,
就更要格外留意了!

➜ 像尼采一样思考

那么，你对将事物分门别类地看待有何看法？你一定也经常怀疑二元对立的逻辑太过绝对吧？尼采也站在你这一边。你认为，思考问题时进行门类划分有助于提供可靠且明确的标准，还是说，你觉得这种做法只是为了让自己明确方向的权宜之计？你会把自己对现实的看法限定在这些门类里，还是只会把它们当作一个起点，在此基础上打开思路、发展判断？拒绝简单的对立思维，这种做法能否帮你更好地理解情况的复杂性，能否让你看懂亲密关系中的微妙行为？也许你已经注意到，你脱离了二元逻辑。尼采将会为我们解释个中原因。不用去做"既不是……也不是……"这样的否定，尼采会给我们带来更好的建议，他会邀请我们去肯定什么"是"。

个性化路线

你觉得尼采很大胆?
你会质疑他这种性格的合理性?
↳ **请前往第22章:羊群心态是一种社会疾病**

你对超越二元对立逻辑的思维方式感兴趣?
↳ **请前往第31章:追求精神**

4

哲学家之间的对局

　　向往真理的意志还将使我们冒更大的风险,这著名的真,此前所有哲学家如此敬重的真:这向往真理的意志给我们带来的都是些什么问题啊!多么奇怪、糟糕、模棱两可的问题!这种情形已经有年头了——但又像是刚刚开始?

　　　　　　　　　　——《善恶的彼岸》,
　　第一章:哲学家的偏见,第1节

首先，未来的哲学家会在某些习以为常的成见之外另辟蹊径。尼采说，斯宾诺莎利用公众的轻信故弄玄虚，而康德则是个伪君子。你觉得这么说太狠了？站稳了，还有别的呢。"从生理学角度来看，《纯粹理性批判》[1]已经是呆小症的先兆"，在《敌基督者》第47节[2]中尼采就是这么写的！

这些哲学家对待成见的批判态度与尼采相比毫不逊色，尼采为什么要如此猛烈地批判这些哲学家？例如，康德在其"知性准则"[3]中，已经格外强调**必须通过"独立思考"来克服成见**。然而，在尼采看来，康德本人都没能做到独立思考。康德坚信理性在哲学中起到了统领作用，他利用类别划分，妄图鲁莽地将哲学纳入一个统一的体系之中——这样一位哲学家，在我们的尼采眼中，定然是漏洞百出的。康德的理性批判里满是历史价值观的痕迹：在批评迷信时，康德将真理视为一种构造、一种抽象，将其视为道德积淀的结晶，而这样的真理想要囊括一切，作为普世法则指导我们的行动。康德所谓的"真理"有着光鲜的外表，可内里却早已被偷换掉（正是因为这种偷换概念的行为，才让康德被尼采冠以"伪君子"的辛辣称号）。

人们说，康德是"捣碎一切的人"（某些人喜欢用德语称呼他为"Alleszermalmer"）。尼采回答说，很好，那为什么不再进一步呢？让

---

1 指的是康德的《纯粹理性批判》（1781年第一版，1787年第二版）。这是康德"三大批判"中的"第一批判"。该书影响深远，主要回答了"我能认识什么？"这一问题。康德认为从"现象界"获得"知性"是可能的。同时，对于我们自身"理性"在形而上层面产生的矛盾，他也对其机制做出了解释。——原注
2 此处有误，《敌基督者》第47节无此内容，该句原为尼采遗稿中的"Physiologisch nachgerechnet, ist „Kritik der reinen Vernunft" bereits die Präexistenz-Form des Cretinismus"。此处应出自尼采遗稿1888年第16组第55节。——译者注
3 出自康德《判断力批判》第一卷，第40节。——译者注

我们彻底摆脱这种形而上学的残余吧！让我们以毁灭回击毁灭我们的人吧！这里的"残余"，指的就是"知性"。正因如此，斯宾诺莎（这位尽管并非笛卡尔派，但也相当理性主义，在《伦理学》中毫不犹豫地采用了几何学方法论证）也在所难免地受到了尼采的攻击。这还没完呢！在尼采看来，主张知性的哲学家主要表现出三重错误：牛顿认为自己可以参透神的智慧；伏尔泰希望知识、幸福和道德能够统一；斯宾诺莎则想要摆脱人之恶欲。[1]当然，继续深入研究，我们还会发现尼采的批判并不局限于这些面孔。

尼采认为，**哲学家们在承认真理首先是他们自己的真理，即他们诠释的结果时是盲目的。他们觉得自己是自由的灵魂，但依然相信真理。**所以，康德的天才终归向呆小症倾斜了：他的理性的确充满光辉，但他那些在生理学范畴中的信念却阴暗无比。康德先生啊，你的理性的确是一颗成熟的果实，但它却萌芽于由历史决定的土壤之上，生长于某种特定道德观念的光合作用之下。尼采试图建立理性哲学背后的历史体系：关于康德、叔本华的疲倦，也关于柏拉图的掌控欲。

尼采批判这些哲学家时，重点关注的是他们所谓的"理性"，即他们认为具有普世价值的理性。尼采怀疑的恰恰是这种普世性。他向我们揭示了理性的生理发展过程。在我们的幻想中，正是理性让我们产生为我们所珍视的"个人价值观"。事实上，这些个人价值观对我们来说可能完全是陌生的。

---

1 出自《快乐的科学》，第一卷，第37节。——原注

勇敢怀疑!
面对看似理所当然的事情，
不要害怕，勇敢质疑。

→ 像尼采一样思考

  哲学家们做的事，一方面是在捍卫某些价值观，另一方面是在打击其他价值观，仅此而已。而他们所捍卫的，正是自己的价值观！尼采呢，他知道，必须逐一拷问每一种价值观的根源。为什么不仔细审视一下你眼中最重要的那些常见的价值观（包括好的和坏的）呢？然后，再仔细筛选自己的价值观，无论是让你不信任的不良价值观，还是一直以来让你大步向前的优良价值观。当然，这并不是说这些价值观应该被尽数抛弃。初期的远观、审视将被证明是极有成效的做法。

个性化路线

你不仅想驱走不良的思维习惯,
还想与日常生活中的坏习惯做斗争?
↳ **你可能会对第5章感兴趣:警惕自己的习惯**

你想了解尼采如何揭示我们价值观的历史特征?
↳ **请前往第10章:关于道德的谱系学研究**

5

警惕自己的习惯

在每种占统治地位的道德观念和宗教之内，人们就是这样做的，一直以来也都是这样做的：习惯背后的因由与意图都是另外加上去的，是当有人开始质疑习惯并问及因由与意图之后才加上去的。

——《快乐的科学》，
第一卷，第29节

尼采不仅怀疑所谓哲学理性的普世性，也格外关注我们的意识在身体里扎根的过程，**还解释了我们如何在习惯的作用下塑造自己的思想、判断甚至人格**。我们是谁？或者说，我们是什么？尼采告诉我们，我们已经习惯的一切不过是身体行为而已，由语言以及思维、姿势、性格的反应模式的多次重复诱导而成。那我们的价值观又是什么？它是二元对立观点过于短视的产物，表面上泾渭分明，实则是道德的简化，比如对"善"与"恶"的区分。

尼采解释说，由于习惯塑造了我们，并决定了我们的前景，所以我们必须意识到，所有这些习惯都使我们形成了不同层次的人格和相应的意义，使我们失去了与自己情感生活之间的密切联系。如果我们不能意识到造就自己的"培育"过程、塑造工具，那我们终究只是习惯的受害者，因为这些习惯其实并不来自我们自己！它是强加给我们的，它对我们指手画脚，甚至连我们的审美品位都要管：

> 大众品位是如何改变的呢？个人、有实权的人、有话语权的人毫无顾忌地表达自己[……]对好恶的评判，并不由分说地强加于人——以此对许多人加以限制，而这些限制逐渐变成多数人的标准，最终变成所有人的需求。[1]

回想我们自己的习惯，这段写于一个半世纪之前的话是否与我们当下的处境产生了奇怪的共鸣？对自己现今的模样和品位，你是否也感到惊讶？尼采解释说，在表象之下，你的审美趣味实际上就

---

[1] 引自《快乐的科学》，第一卷，第39节。——原注

是每个人的审美趣味。这趣味来自外部，侵入了每个人。例如，你肯定已经意识到，在新技术产生后，我们遇到了各种限制，同时不得不让自己适应这些限制：某些不可或缺的电器每两年就要换成新的（后尼采时代的"计划报废"概念）；数码设备接口的变化速度快得惊人；以前的手机小到什么都看不清，现在又大到放不进口袋，还需要每日充电，而我们已对这些冷冰冰的惯例习以为常。想想社交媒体上的"网红"与粉丝之间的互动吧：网红好像总是能先人一步，预测并满足粉丝尚未生出的期望，让后者对此非凡之举惊讶万分。尼采这段话是否才是这种现象的真实写照？尼采揭开了幻象的面纱：他人之所以能够参透我们的需求，是因为它根本不是我们自己的需求！最了解需求的当然是创造需求的人，不是吗？

自己做决定!
不要让自己受到习惯的
力量的驱使。

→ **像尼采一样思考**

在你的生活中，有哪些最重要的习惯？如果让你的朋友们来说，他们会提到哪一个？在你看来，这些习惯是必要的还是非必要的？你会想在此之上构建你的存在价值，还是更想改掉它们？当你反感某种技术手段（同意用户条款、给予个人数据传输许可、安装某个应用程序以获取简单的信息……）时，你会顺从还是拒绝？这些习惯是否让你感到沉重？某些习惯帮助过你，但有时也会成为你的阻碍。如果你也这样认为，那么之后继续探索尼采思想的过程一定能够让你在这方面的认识更全面。自定义诊断之路即将开始！

个性化路线

习惯是你生活的中心吗?
准确地说,这正是尼采的主要关注点之一。
你想进一步加深对"冲动"的理解?
你可以选择:
↳ 第1章:尼采是位敏锐的心理学家
↳ 第18章:历史并非单一真理
↳ 第21章:本能是对个人特征的表达
↳ 第31章:追求精神

你对人类的"培育"过程感兴趣吗?
↳ 请前往第30章:培育与驯服

一个小小的尼采式评估开始啦

尼采向我们发出了一份邀请：**鼓起勇气**。让我们鼓起勇气，质疑自己的习惯和价值观（包括最私密的部分）吧。迈出这第一步后，内心深处的乐观主义精神将被滋养，我们会开始期待这一步为我们的意识带来的变化：**很快，我们将敢于肯定自己。**

尼采敢于换个角度思考心理学，他相信新的哲学肯定会到来，于是设计出一套前无古人的思维模式，并将其作为珍贵的工具，直接捧到我们面前。

在你的生命中，你很可能经历过自我怀疑、犹豫不决甚至对自我的全盘否定。这些痛苦经历给你带来了什么？是导致了彻底的幻灭，还是恰恰相反，这些经历为你的生命注入了新的活力？你认为在什么情况下可以从中获得一些帮助？

尼采向你发出邀请，邀你去赌一把，赌生命中那些几乎不可避免的痛苦阶段必然是有益的。当然，一个努力超越"善"与"恶"的作者，不会给你规定什么是善、什么是恶，更不会告诉你如何走向社会意义上的善，比如谈论类似于"如何发家致富"这种话题……你将有更大的收获：你的意识可能是**真正意义上的自我肯定**

的来源。

  在自我肯定的道路上,进一步了解自己是不可或缺的步骤。"你是谁?"尼采问。为了回答这个微妙的问题,我们首先应当换个角度看待自己。

第一部分

尼采,无奈之下给自己治病

6

每个人都是自己最好的医生

经常生病的人,不仅由于经常恢复健康而更享受健康状态,还能更加敏锐地感知到自己和他人的作品及行为中的健康与病态。

——《人性的,太人性的》,
第二卷,第一章:杂乱无章的观点和箴言,
第356节:疾病的好处

尼采与疾病之间有着双重关系。他并不是一个总是"为他人着想"的疑心病患者——这样的人想必大家都见过：他紧张兮兮，生怕自己得病，于是每到流感季节就敦促周围的人去打疫苗。不，尼采可不会**刻意**避免生病。他告诉自己，他可以从疾病中获得某些东西，那些并不会削弱肌体的东西。在他看来，生病在所难免，尤其是在一个人充分发展品德的时候。

杀不死我的，会使我更强大。[1]

这句宣言出自尼采的著作《偶像的黄昏》。许多不同风格的艺术家都曾将其写入歌词，还有许多说唱歌手也用过。这句话邀请我们直面疾病，而不仅仅是在无害的范围内对自己使用普通的顺势疗法。往生活中注入一点点危险、毒药或痛苦还不够，尼采的建议比这更极端。如果我们能变得越来越强大，那么就会出现一个问题：我们是不是必须面对所有可以战胜的对手？如果这样做了，难道不是在不断突破自己的忍耐界限吗？莫非尼采是个受虐狂？

第一个观察对任何生过病的人来说显而易见：**每个人**或多或少总会得这样或那样的病。这也是医生工作的微妙之处：每一种病在不同个体身上都会有多种多样的表现形式，如何识别病症才是关键。毫无疑问，**正是在自身痛苦的个人特质中，我们懂得了自己到底是谁。**

第二个观察在于，无论是疾病还是健康，都是相对于某种起始状态而言的。在大多数情况下，如果经历过更糟糕的情况，那么面对平静、没有痛苦的正常状态时，或者只是在痛苦较轻的情况下，我

---

[1] 引自《偶像的黄昏》，"格言与箭"，第8节。——原注

们便能感到快乐，疾病加强了我们这种感受快乐的能力。令人惊讶的是，尼采的论调有时很像斯多葛学派——对该学派的哲学家而言，我们对幸福的追求仅限于身体无痛（aponia）和心神安宁（ataraxia）而已。

不过，在《快乐的科学》第120节中，尼采借用了一位斯多葛学派哲学家的话（阿里斯顿·冯·契奥斯，在社交餐宴间突然提及这个人的名字定能让你成为众人瞩目的焦点，也一定会为任何与众不同的圈子带来和谐氛围），并将"道德即心灵的健康"说成"**你的道德**即**你的心灵**的健康"，这恐怕不是个巧合吧？不良的健康状况应该也能教会你一些东西。如果我们想起阿里斯顿·冯·契奥斯（据说这可怜人是个秃子，最后死于中暑），就会觉得这句话相当具有讽刺意味，甚至可以说很荒诞。

尼采说，如果想超越自己，就必须找出自己的伤口。这也关乎个体存在的发展。你的缺陷，就像你的健康状况一样，都与他人的不同。对某个人来说有益的东西，对另一个人来说可能就无法承受：一打牡蛎会让爱吃它的人感到开心，可也会让过敏的人相当无所适从。

我们能从疾病中获得许多关于自己的信息，尼采当然也发现了这一点。疾病带给我们观察内心的机会。审视**我们的**疾病，并不只意味着审视我们的特质，还意味着留意让我们成长或衰退的东西、让我们变得更强壮或更软弱的原因。在这样的"大健康"中，我们会学着充分了解自己。症状和诊断没有被禁锢在毫无意义的文字中，而是被刻在肉体里，并跟随个体展开或令人振奋或令人痛苦的冒险。所以，我们必须在根本上、个体上意识到自己是谁——在这两方面的要求是相辅相成的。

　　尼采对疾病分析的结论格外随意：在这种情况下，显而易见，每个人都是自己最好的医生。此外，尼采还声称人们可以治愈自己（见《瞧，这个人》），并赞颂在不用药物的情况下自我"药疗"的方法！家庭医生不必咬牙切齿，我们这位作者说的"药物"是精神上的，需要动用的只是我们个人的意志。之后，他还将教我们如何让自己的意志变得更强大。

在他人为你规划治疗
方案之前，
学会描述并接纳
自己的疾病。

➜ 像尼采一样思考

除你自己之外，还有谁更有资格描述你遭受的痛苦？你有没有注意到，通常而言，向他人寻求证明、让他人评估你的幸福是毫无意义的？为什么别人不为自己拥有的东西感到高兴，而我却如此羡慕他？反过来看，为什么有些事情让我烦恼至极，可大多数人却对此无动于衷？这些问题（涉及你的疾病和健康状况）根本无须他人评估。反思之后，尼采邀请我们在自己的抱怨（不管谁能听到）中寻找真正能够帮助我们的东西。

个性化路线

你对尼采的直言不讳感到震惊?

↳ **请前往第11章:敢于挑衅,也敢负责**

7

用哲学治愈自己

我仍在期待一位哲思医生（取该词最卓绝之意）——研究民族[……]总体健康问题的医生——有朝一日鼓起勇气，将我的猜想推至顶峰……

——《快乐的科学》，第二版前言，第2节

你可能已经想到了，如果你到尼采那里去看病，一定和到家庭医生那里去看病的体验不一样。倒不是因为他时间太紧没办法接待你——他多半还是有时间分给你的。找到个体痛苦的原因，是从超越疾病或健康这一狭隘角度开始了解此个体的第一步。所以，哲学家必然是医生。反过来，在这个方面，尼采的医学姿态符合他哲学上的野心。**到尼采那里去看病的人，不是为了治愈疾病，而是为了寻求自我认知。**

你已经了解到，如果不去探求我们自身的习惯是如何形成的，那对自我认知的探索必然无疾而终。因此，必须把检查范围扩大。诊断时，尼采的对象并非个人，而是整个文化，也就是说，是各个领域的人类的所有活动与产物，它们引导了我们脑中表象的诞生与导向。从这个意义上说，相当自相矛盾的是，尼采最擅长的是成为最全能的全科医生。

对他来说，哲学家首先是为文化看病的医生。我们这位哲思医生的听诊器更像是传感器，从我们所在环境的各个角落读取数据。这件神奇工具捕捉到的各种文化的表现形式（哲学、宗教、道德观念等）绝非中立，它们会自然而然地产生并反映作为特定历史成果的价值观。

哪位医生有足够能力来了解我们这个时代的健康与病态？[1]

之后你将看到，尼采给出的诊断名为虚无主义。他怀疑，哲学的关键并不在追求真理，而在于讨论其他话题，如健康、未来、成长、

---

[1] 引自《不合时宜的沉思》，第三篇，第六节。——原注

权力、生命……你之所以痛苦,原因可能在于你的信念,在于宗教戒律,还是在于道德观念禁止你做的事?尼采提到"富于哲理的医生"时,他可没有开玩笑:事实上,这样一位医生懂得你在生活中真正渴望的东西,因此能够为你开出合理的处方,引导你充分理解自己的痛苦根源,最终凭借自己的力量拯救自己。

千万不要认为尼采谈及医学只是为了打比方。细看之下,我们身上的确有一些病态的问题。由于思想与身体之间的关系极为密切,将文化价值视为我们身体健康的表现非常重要。文化价值观是生理健康状况的直白体现,它会影响我们每个人,当然也会影响哲学家——所以尼采才会批判苏格拉底或康德。这样看来,其实尼采根本没有犯下顶撞权威的罪。

用尼采的方法来治疗自己！

这方法不需要药物……

→ 像尼采一样思考

你与文化，即与你周围一切事物之间的关系是什么样的？这个问题相当宽泛，自然会造成一些混乱。不过，与其在严格的审视自我的框架下用显微镜仔细检查自己，不如了解文化价值观是如何融入你的身心的，它们又是如何运作的。对你而言，其中一部分是不是会让你厌恶，而另一部分又会激励着你？你觉得自己在它们的影响下是自由的，还是受到了它们的束缚？对诊断自己这件事来说，还是你本人最有发言权。跟随尼采，你就能获得新的能力，在需要的时候根据情况为自己开具处方。

个性化路线

现在你已经知道,尼采给我们的疾病起了一个名字:虚无主义。

↳ **那么,请前往第24章:虚无主义**

你想知道如何才能与如此影响我们的东西拉开距离?

↳ **请前往第31章:追求精神**

8

疾病与"发疯"

于是我强迫自己,又当医生,又当病人……

——《人性的,太人性的》,
第二卷,前言,第五节

在尼采的信件中,"疾病"这个词无所不在。在生活中,疾病也时常伴他左右:冬天他会选择气候温和的地方,和几个朋友在一起,从来不长时间远离大自然。他总是在山间漫步……尼采不得不根据自己的健康状况来对生活中的许多实际方面进行调整。在他生命最后十年里,这种情况越来越糟糕,让他整日昏昏沉沉。然而,在这场悲剧发生之前,他很清楚自己已经得病,但仍然戏谑嘲讽:

> 不过,我们还是不要去管尼采先生了吧。尼采先生能否恢复健康,这件事与我们有什么关系呢?[1]

这种"接受"似乎有些愤世嫉俗,但也有些实际效果:它与琐碎单调的生活决裂,在痛苦中反而让生命更加鲜活,也让尼采与内心深处的自己进行了一场振聋发聩的面对面交流。在沉默和孤独中,尼采的感知能力越发敏锐。在多重感觉的压迫下,语言外部那层脆弱的封皮破裂开来,挥发出稀薄的内容物,尽显词语本身的空洞。只消片刻,它们便散开、逝去。

关于我们这位哲学家的病因,各种猜测不断。梅毒?还是家族遗传(尤其可能来自他父亲)的中枢神经系统疾病(脑白质疏松症)?

那么,有什么样的表现呢?关于尼采"发疯"日期和时间的记录很明确:1889年1月3日。地点也很明确:都灵。尼采见车夫打马打得太狠,于是飞奔过去,哭着拥抱马,想要保护它。相对于尼采那冷酷、目中无人、肯定人与超人至高无上地位的形象,这个动人

---

[1] 引自《快乐的科学》,前言,第2节。——译者注

的场景是不是和他这个人形成了鲜明反差?从那之后,现实变得模糊起来。人们把尼采送到了精神病院。为了让他上火车,人们还骗他说有一些崇拜者在等候他。之后尼采也写过几封信,可他越来越词不达意。

此后十年间,尼采的妹妹伊丽莎白(她嫁给了一个公开仇视犹太民族的激进分子,自己也深受其思想影响)在物质上给予了尼采帮助,但也严重篡改了[1]尼采的文字、曲解了他的理想。就是因为她,每当人们想到尼采作品的时候,总会先想到尼采的思想或多或少地顺应了纳粹的不耻行径,但实际上,尼采绝对没有这样做。

---

[1] 有人说,尼采(至少在生病的最初阶段)曾经装疯,精心策划了都灵的事件,好让他人来照顾自己的生活,并让读者接受自己的作品。我不禁要驳斥这种想法(肯定是无稽之谈)。在这方面,尼采的一位老朋友弗朗茨·奥弗贝克(Franz Overbeck)曾写道:"我观察过尼采精神疾病的不同阶段,有的时候我会止不住地想他这病是装出来的,这挺可怕的。"(出自《关于尼采的回忆》)。从这方面来看,尼采的最后几封信是否的确由他本人完成还无法确认。对那些诸如"妈妈,我没有杀死耶稣,他已经被杀死了"或者"妈妈,如果你没钱生火,就卖给我"的话,我们不清楚究竟是他的恶作剧,还是令人痛苦的现实。1890—1892年,尼采多半已经停止记录笔记,我们也不知道他妹妹伊丽莎白对他的文字到底篡改得多严重。但她在魏玛的尼采档案馆(其间尼采一直处于植物人状态,直到他于1900年8月25日去世)中伪造尼采笔记一事如今已是不争的事实。——原注

问问自己，
如何看待疾病。
不要小瞧这个问题。

➜ 像尼采一样思考

　　你对尼采"发疯"这件事有什么看法？尼采既是普通人又是哲学家，既是哲学家又是疯子，这对你来说重要吗？了解尼采发疯的事情后，在你眼里，他是更边缘化了，还是更富有人性了？这件事会让他的思想在你眼中变得一文不值，还是变得更加重要？总体而言，你如何看待疯狂和疾病？你会把它们当作遭到排斥的理由，因此远离那些与其相关的个体，还是认为它们是人类共有的软弱和脆弱的标志，所以会更愿意去帮助那些因此而受苦的人？

个性化路线

如果你想深入了解危机的作用,
请阅读从消极虚无主义到积极虚无主义的段落,
↳ **在第24章:虚无主义**

如果你想为尼采辩护,
↳ **请前往第19章:不要扮演受害者**

9

找到属于自己的表达方式

我们的全部科学,尽管如此冷静、不受情感的束缚,但仍会受到语言的诱惑,还没有摆脱仙女偷换进来的呆孩子。

——《道德的谱系》,
第一章:"善与恶"、"好与坏",第13节当我们想要描述某件事，特别是想描述当下遭受的痛苦时，我们必须说出它的名字，把它说出来、告诉别人。但是，常见的通用语怎么能描述出极为个人的情形呢？在表达我的独特感受、感想——**我的**疾病——的时候，如何才能避免内容变质、失去其独到之处呢？尼采解释说，语言中包含着一些可怕的东西。那么，如何才能讲出我们内心深处发生的事呢？

想找到描述这些事的词语实在很难。去吧，去试试找到那个合适的词，来形容你感受到的痛苦，形容你那分分秒秒都在转变的强烈喜悦。同样的词，经常会被他人用来形容那些与我毫不相关，恐怕我也从来没有经历过的事。例如，我的恐惧与他的恐惧是一样的吗？爱情带给我的感受，真的能用"爱"这个词来描绘吗？我的感受属于我自己，但我使用的词语则不同，它们不属于我，也不属于别人，甚至不属于词语试图描绘的那些事物。在说话的过程中，我们逐渐给这些词语构建出一个独立的现实，而这些词语，从来都只是退而求其次的选项，似是而非，无法忠实地描绘出它们包含的多重可能性——尤其无法描绘**我们的**冲动。

哲学中对语言的批判毫不鲜见。20世纪，一系列思想家促成了哲学中所谓的"语言学转向"。他们认为，我们的问题并不来自理性或存在，而是源自我们使用的词语。[1] 既然词语挡住了我们的路[2]，那就让我们自己开辟一条路吧！尼采决定，他将"用属于自己的语言

---

1 对语言的批判看似现代，其实可以追溯到古代，贯穿整个哲学传统。例如，笛卡尔在著名的《第一哲学沉思集》的第二个沉思中遗憾地指出，当我们借用感官中的隐喻时，总是会受到日常用语的误导（例如，"这话不顺耳""我看出来你什么意思了"），此时表达的知性判断并非来自我们的感官，而是来自我们的头脑。——原注
2 出自《朝霞》，第一卷，第47节。——原注

来描绘属于自己的事物"[1]。

在解释自己观点的时候,尼采的做法有些像小孩子。小孩子们会发明属于自己的词,凭空想象出来的词,可能只有几个人能明白。尼采也萌生出一个好主意,他使用的语言中有一部分是他自己发明的。他会使用充满个人色彩的语言,同时他很清楚,那些警句般的段落需要耐心阅读才能破译,需要他的读者费一番功夫才能理解。

来看看他都是怎么写的吧,比如,道德小药丸(moraline),深思熟虑的替代品,于每日早、中、晚用大杯水服下;事命论(faitalisme),小事构成的宿命论,即"Rhinoxera"。在分析瓦格纳(代表作品有《莱茵的黄金》等)的艺术作品时,尼采用到了这个词。这个词是德国民族主义的象征莱茵河(Rhein)与19世纪末摧毁法国葡萄园的寄生虫葡萄根瘤蚜(phylloxera)的结合。这想法够新奇吧?尼采的自造词唤起了我们的好奇心,邀请我们对这些词的来源与历史展开调查,将词语从狭隘的僵化状态中解救出来。

随着词语的使用,必然会出现一些错误习惯,所以尼采总是会变换着使用词语。他把这些词结成网,目的是展现出它们**之间的关系**,而不是它们**背后的事物**。在提到为我们指明方向的力量或表现时,他会使用许多词语,如情感、本能、冲动、激情、渴望……他说的到底是什么呢?是一种不断变化的东西,总是需要被诠释,它既不像事物本身那般紧凑、僵化,又不像不断消逝的思想那般灵活。我们这位作者十分真诚,他太想让我们相信词语的确能够准确诠释事物了。于是,他竭尽全力,如定位器一般,找到了词语和事物的交点,并勾画出了前往这个点的路线。

---

1 引自《道德的谱系》,前言,第4节。——原注

让词语为自己所用！

→ **像尼采一样思考**

你可能已经注意到，有些人拥有属于自己的语言，无论是他们那种相当个性的说话方式，还是比别人更常挂在嘴边的词，都与他人不同。你觉得，人们能不能从你使用的词语中看出你的一些特点？你是否想过，在你使用的那些词语中，到底有什么真正属于你自己？找到适合自己的表达方式（对话、电子邮件、短信、笔记等）不难，但想选择出合适自己的词语可不容易。你有没有觉得某些词语简化了现实？为了表达你在千变万化的感受中体会到的那一种，你有没有找到一种比简单地使用"爱"或"恐惧"等词语更令人满意的表达方式？

个性化路线

你也被尼采处理文字的方式征服了?
↳ **那么就请阅读第15章:比喻的力量**

如果你认为拒绝词语意味着质疑语言中包含的概念,
↳ **请前往第14章:警惕概念陷阱**

你已经准备就绪,
去深入了解词语下掩盖的现实了?
↳ **请前往第16章:没有事实,只有阐释**

10

关于道德的谱系学研究

我们不了解自己,我们这些想要了解世界的人,却连自己都不了解:这是有原因的。我们从来没有寻找过自己——所以怎么可能某天就找到自己了呢?

——《道德的谱系》,前言,第1节

很多人喜欢研究谱系学。作为历史的旁支，这门学科能够帮助我们更好地了解自己的来历，找到自己的根，在延续的血脉中找到自己的位置，从而找到同类，找到一个群体身份。

尼采是位相当特别的谱系学家。首先，他使用谱系学方法的范围，远远超出了家族层面。其次，他并不关注生物个体本身，而是关注概念。结合这两个方面，他最喜欢的谱系研究是"人们道德偏见的起源"。

仅仅是对道德进行此类谱系研究，就足以清晰地说明我们为道德观念赋予的地位，甚至都不用描述道德的成分、不用评估道德本身。追寻某个人或某种价值观的历史根源（就像尼采所做的）时，我们主要调查这个人或这种价值观的起源，即其"出生日期"。这个"出生日期"必定是相对某个背景而言的。你有没有注意到，"从哪里来？"这类**起源**问题与追寻道德观念的**根基**之间是有区别的？如康德般追寻道德根基时，或当我们质疑自身某种行为的基础时，我们会尝试回答"为什么这样？而非那样？"的问题。此时，我们的质疑对象是合理性，也就是某种现象的原则基础。其实，尽管我们大多数人都知道自己确切的出生日期，但很多人并不清楚自己的根基，也就是说，不清楚自己存在于世的原因。

尼采研究道德谱系的行为本身就是一种权利主张。他认为，尝试证明道德观念的合理性是一种荒谬的做法。道德观念本身是没有根基的。道德观念并不存在于柏拉图式的理想天堂中，并没有与真实、善良、正义、美丽的概念共存。我们的道德观念是有出生日期的！它是人为发明出来的，而且是由统治者发明出来的。弱者把它当作自身的一部分，于是，不但弱者自己得了病，还让统治者种在弱者身上的那种活性成分更加强大。

不要以为尼采已有定论。他即将向你展示我们的道德观念是如何形成的,以及它周围那些"让人无法呼吸"的紧张气氛是怎样的。

找到

让你最有归属感、
最愿意传承的那件事、
那个人！

➜ 像尼采一样思考

毫不夸张地说，价值观无处不在。有一些理想激励我们前进；也有一些思想让我们感到排斥、厌恶。我们会认为有些事理所应当，另一些事则是冒天下之大不韪。无论是肯定、否认、逃避还是抗争，价值观都是我们人生计划中的重要组成部分。你有没有尝试过从谱系的角度探查自己的价值观？你是否愿意接受这个试验：停止思考"什么是对的、什么是错的"，而是问问自己"在我的生活中，到底是哪些事件导致我认为这样是对的、那样是错的"？这些事件是什么？进一步明确你如今接人待物的原则的出发点，这样，你就能从看待自身个性时的某些盲点中走出来。如此，你的行动可能会更加有效、务实，你实现目标也会更加轻松、直接。

个性化路线

你觉得自己已经有能力直面我们道德观念的真正根源了吗?
　　↳ 那么,请前往第23章:敌基督者

你还需要些时间去质疑各种价值观的矛盾之处吗?
　　↳ 请前往第16章:没有事实,只有阐释
　　　↳ 或第24章:虚无主义

在不否定自己存在意义的前提下,
你感到自己有必要脱离"道德观念"生活了吗?
　　↳ 请前往第30章:培育与驯服
　　　↳ 或第34章:意志,强大的意志

11

敢于挑衅，也敢负责

  我清楚自己的命运。总有一天，我的名字将会使人回忆起那些令人惊叹的事物——前所未有的巨大危机、对于最深的良知冲突的回忆，以及对所有被相信、被要求、被神圣化了的事物的宣判。我不是人类，而是甘油炸药。

——《瞧，这个人》，
"我为何是命运"，第1节

如果想从坏习惯中解脱出来（包括道德信仰方面的坏习惯），首先必须打破束缚我们的枷锁、爬出废墟，这样才能继续向前飞跃。这样的姿态表现在尼采身上，有时候几近挑衅。

可尼采真的是个挑衅者吗？为了回答这个问题，让我们试着想想什么样的行为会被我们视为挑衅。首先，你可能会承认，挑衅行为可能在表面上看来毫无来由，可如果仔细观察，往往能够找到其中原因：它的背后是有意为之的攻击，目的就是激怒、刺激他人，或者释放自己的情绪。有时，无论我们是否自知，挑衅本身就是对之前的挑衅、伤害行为的反应。还有一些挑衅行为构成了一种手段，目的是动摇对方的信念，也就是说，改变他人的想法与行为——可如果真的是这样的话，它与善意建议又有什么不同呢？[1]毫无来由、故意伤人、撼动根基、引发变革，挑衅有许多张面孔。

从这些特点来看，尼采在挑衅方面绝不手软：他揭露道德和宗教的真相，抨击真理的中立性，还呼吁颠覆价值观，等等。他从不回避这些棘手问题。面对"这些言论是否过于挑衅？"这一问题，我们似乎不大可能达成共识。**利用这一点，尝试找出本书中你认为太过挑衅的引用段落，并思考它们的用意吧。你可能会发现，你在这些话语中读到了自己的信念。**

从最严格的意义上说，挑衅是指试图让另一个人做出应受谴责的行为或发表此类言论的举动。比如，2006年7月10日，在法国队和意大利队进行世界杯决赛期间，球员马尔科·马特拉齐对齐达内说的话就是个很好的挑衅例子。它恰恰说明了煽动暴力行为是常见的

---

[1] 正因如此，挑衅行为才会有着卑劣的借口，如："我没打算伤害你，也不是故意找碴儿，我只是想让你做出点儿反应，因为我关心你！"——原注

挑衅形式。也就是说，如果没有挑衅行为的挑拨，本来这个人是不会做出这种应受谴责的行为的。从这个角度来看，挑衅是一种极端情况，此时，被挑衅者处于过渡期、临界点，无法彻底掌控自己的情绪与态度。**对挑衅的回应，既不是完全自愿的，也不是完全理性的。**

尼采向我们提出了一个基本问题：谴责或认可到底基于什么标准？就道德和真理而言，世间发生的事与足球场上的事件有很大不同。球场上，人们在比赛过程中没有可能也没有理由去质疑足球的规则。尼采的挑衅使我们更容易意识到一个事实：我们的判断通常基于**所谓的**真理或道德，而比赛的规则只是人为的规则而已（认识到事物的本质，而非从所谓的"真理"或"道德"层面上去理解这些事物，尼采哲学的最大野心就是实现这一点）。

这是率性为之，还是一种独立思考的邀请？ 每个人都要自己决定。也许，在尼采的语言中，两者兼而有之。不过，尼采认为，真理是可怕的，因为直到现在，被称作"真理"的只有谎言。"**对所有价值观进行价值转换**，这就是我对人性最终回归自我给出的公式。而在我本人身上，人性得到了有血有肉、浑然天成的表达。"因此，他会在哲学思辨中融入对宗教的思考，会用日神式艺术与生命的光辉取代牺牲精神。你觉得这么做是在挑衅吗？

深思熟虑之后，再行挑衅之举！

➜ 像尼采一样思考

你会动不动就使用挑衅这种手段吗？你觉得挑衅就是无缘无故、出口伤人吗？你挑衅的时候，是想获得些什么呢？你是不是想撼动某种公众认知，希望他人能够关注你想法中的独特之处，告诉他们对某件事而言其实另有选择？在这种情况下，存在两种挑衅行为，一种是无缘无故的，另一种则是有目的的。否定他人与肯定自己，这两者之间的区别简直太大了。

个性化路线

你认为挑衅有助于创造新的价值观吗?

↳ **请前往第17章:日神与酒神**

在推翻既定秩序时,

对于使用挑衅这种手段是否合理,

你还存有疑问?

↳ **请前往第12章:颠覆与摆脱**

第二部分

尼采,自由的精神

12

颠覆与摆脱

如今我们不又走到了这一步？必须再次下定决心，推翻、颠覆价值，这样才能重新回到我们自己，重新深入了解人类。

——《善恶的彼岸》，
第二章：自由的精神，第32节

"必须彻底清理过往的价值观",这一想法听上去充满革命性,其实古已有之。柏拉图主义就曾运用这种手段反对古希腊的悲剧性美德。历史上,无论是科学、社会、政治,还是文化上的革命,推翻旧制的行为都屡屡发生。这种推翻更多地体现在彻底重建秩序并为之伸张正义上,而不仅是纯粹简单地将角色倒置(尼采曾把自己的哲学称为"倒置的柏拉图主义",从这个角度来说,这种说法似乎不是最中肯的)。就是这样,尼采自诩为"好消息的使者",他以自己那种激进的方式告诉我们:警惕任何极度退行的逻辑。

必须注意,说到"颠覆"的时候,人们通常更加强调摧毁过去,而不是建设未来。因此,这个概念更倾向于接近革命的暴力内涵。面对这种考量,尼采的解决方案基于对当下行为的认知:**想要真正采取行动,就必须先摆脱过去的余毒,改掉那些对我们有害的习惯。**

对习惯"施暴",这看上去是个悖论,但之所以有这样的暴力反应,恰恰是因为这些习惯本身就是暴力的。只不过,奇怪的是,我们已经接受了这些习惯,而且似乎自己根本无力改变它们。我们在其中长大,被它们驯化,甚至将其视为理所应当。从这个意义上说,进行暴力颠覆时需要有征服的勇气,需要获得或重回健康状态的决心,还必须敢于"强迫自己"。这并不是一种无缘无故的暴力。这样的暴力能够改变我们的生命轨迹,让我们彻底找到生命的意义。

尼采呼吁的颠覆并不仅是理论意义上的,还是实践意义上的。尼采提醒我们,我们所谓的"真"都有其根源(而不是根基)。因此,颠覆这一行为绝对不会纯粹、简单地针对某条真理本身,它必须首先针对某种既定文化。实际上,我们就是这种文化的载体,我们在实践中也一定会遵循这种文化的规则。所以,尼采的行事方式与柏拉图恰恰相反……

与革命的思想不同，尼采提出的"颠覆"不应该以一种偶然性的方式解读。并不存在什么分水岭：今天这样，明天就会不同。变化为生命服务，它需要长期的内化过程，需要几代人的时间才能开始具象、外露。许多真诚的文化政治家都认为，根本上的变化无法出现在一个总统任期内，真正落到实处的变化意愿并不受纯粹的职业与任期逻辑的束缚。不过，尽管尼采提出的"颠覆"具有革命性，但至少在实施的最初几年或几十年里，仍会让一部分人产生束缚感。一定会听到这样的抱怨："凭什么阻止我随心所欲地开我自己的车？就算在市中心也不行？况且还是污染这么严重的时期？"尼采说，渐渐地，人们就会习惯，总有一天就不再去想这件事了。懂得说"是"，停止说"否"，或者，只是很简单地说"是"来肯定自己。可见，**尼采所说的颠覆价值观，表达了摆脱所有分裂的愿望。**

颠覆你的过去，

解放自己，

肯定自己！

→ 像尼采一样思考

你如何看待颠覆？如何看待可以扭转事物秩序和价值观这一想法？你期盼它的到来，把它看作抽象的未来，还是会选择积极主动地在自己的生活中实践，将它落到实处？你如何看待颠覆之后的情况？你觉得理想情况下的新秩序，是一边转向另一边的简单逆转，还是两极对立的消亡与中和？如果你经历过这样的颠覆，那你一定知道自己是将其视为过渡期（尝试其他一些改变的时期），还是将其视为一种新建立起的长久存在的秩序。最后，在你眼中，彻底颠覆了所有价值观的世界是什么样的？是一个完全没有任何特定价值观的世界，所有人都可以随意地发表观点、表达意见，还是一个充满你自己的价值观的世界，所有的人都认同你的观点？第二种情形可能有些夸张了，但你有没有认真思考过，有没有确认过自己的确不受这种想法的影响？请试着思考你对颠覆的看法和它给你的感觉，仔细考虑它的可行性以及它的中长期影响。你的此生追求、你热衷的事业以及你由衷希求的结果，可能都会因你的思考而出现改变。

个性化路线

如果你想深入了解价值观的形成
以及产生自我价值观的可能性，
↳ **请前往第30章：培育与驯服**

如果你想知道更多关于如何处理我们身边的
"有意义"与"无意义"的知识，
↳ **请前往第24章：虚无主义**

如果你想评估文化而非真理的关键影响，
↳ **请前往第18章：历史并非单一真理**

最后，如果你想找到属于自己的语言，
并以此来肯定自我，
↳ **请回到第9章：找到属于自己的表达方式**

13

自由精神

所谓自由精神,是指那些想法与他人不一样的人,他的想法,既无法凭借其出身、环境、处境、工作去猜测,也无法凭借当时的主流观念去判断。自由的精神是例外,受制的精神才是常态。

——《人性的,太人性的》,
第一卷,第五章:高级文化和低级文化的征兆,第225节自由精神是一种能力，与尼采描述的哲学家品质直接相关。这是一种超然的能力，一种不受习惯束缚的能力，一种脱离了任何已经僵化的价值观的能力。在这种条件下，精神的解放就变成了与自我内心的亲密重聚。我们的哲学家直接倾听自己的心声，日复一日，越来越惊讶于自身独一无二的特质，惊讶于自己那绝不与他人苟同的心态。那些在社会中四处游荡、毫无个性可言、被抽离灵魂的虚影，构成了无所不在的迷雾，那可不是哲学家的归属。

矛盾的是，哲学家的精神虽然自由，站得却稳固不动摇。他就是他，他是一个有血有肉的个体，绝非被掏空内在（也就是我们所说的"人"）的抽象概念。在《朝霞》中，尼采对这个抽象概念给出了一段充满诗意的描写，把它写作自我的虚影，迷失在意见与习惯的迷雾之中，不断膨胀，最后几乎快要脱离被它覆盖的人而独立存在了。

这位哲学家已经不再相信。他不再相信"人"，不再相信真理，不再相信价值观本身，也不再相信价值观的绝对属性。正因如此，这位哲学家——**也就是尼采——无法凭借否定他人来肯定自己：他必须自我定义，必须摆脱社会期望或惯例的束缚，发挥自由表率作用。发自内心、坚定意志、超然于世、独立自主——这就是自由精神的主要特征。**他没有太多的幻想，努力向前迈进。自由归自由，但也有些太孤独了吧？他驶向远海，尝试重新寻获健康。他觉得自己与那些自然元素更亲近，而与思想建筑、精神沉淀更疏远。就这样，哲学家一个人出了海。与《查拉图斯特拉如是说》中那位躲在洞中的哲学家不同，《快乐的科学》中使用了"大海"的隐喻，强调了面对未知事物的勇气。在其他地方，尼采有时也会使用"探险家"

的隐喻。

　　自由地离开,是为了以更好的面貌回归。这就是尼采的建议。回归后的我们将拥有全新的视角,因此不再盲目依从、卑微臣服于过往的日常价值观。那时,我们定能成功创造出新的东西。

保持距离!
质疑日常生活才能获得自由。

→ **像尼采一样思考**

你有没有注意到距离有多宝贵？尼采说，打破习惯，不要再低头猛跑，抬起头看一看，哪怕只是一小会儿。你知道这样的片刻停留有着多么重要的拯救作用，但是，你会经常这样做吗？你有没有充分利用这段时间，不仅用来观察所处环境的基本状况，还用来观察你目前生活的环境？这听起来似乎很矛盾，可我们必须留出一些距离，才能让自己更好地观察脚下这片土壤。所以不要犹豫，让自己的视野更开阔吧。

个性化路线

你想要掌握积极虚无主义的美德,
在它的帮助下解放自我吗?
↳ **请前往第24章:虚无主义**

你觉得需要以相对态度看待自身所处的社会习俗,
这样才能拉开距离吗?
↳ **请前往第29章:优秀的欧洲人**

14

警惕概念陷阱

　　掰碎了，切开了，整体上机械地拆成内外两半，撒上概念和龙的牙齿，产生出概念龙 [……]：凡是没盖上词语戳的一概不信：作为这样一个无生命却极为活跃的概念与词语工厂 [……]

　　　　——《不合时宜的沉思》，第二卷，第10节用仙女指代文字，用龙指代概念！让我解释一下？概念即基于现实的构建，来自我们那本能的、情感的、多元的、不断变化的生活。概念是组装的产物。尼采认为概念和灵异事件具有相同的属性，它们的特点都在于被人们相信。概念是知识的基础。人们认为概念是永不动摇、固定不变、客观不移的。我们对概念本身深信不疑，可这种做法真的有道理吗？

在尼采看来，概念是"一项发明，与任何事物都毫不相关"。概念与它指向的现实之间必然存在偏差。现实总是比概念更丰富，有时甚至完全是另外一回事。尼采认为，知识既不是诠释的对立面，也不能与诠释完全区分开来。他认为，与概念有关的知识也是一种诠释，其唯一特权就在于被认为是"客观"的。谁认为概念是客观的？所有哲学家都是这样认为的——他们都是真理迷思的奴隶，他们一头扎进概念里面，就是为了在现实中建起一些参照点。而现实呢？总是复杂多样、难以理解。只有真正的生活体验才能让我们对现实有更好的理解，概念只不过是虚幻的避风港罢了。

"存在""绝对""上帝""天堂"，这些概念是具有安慰作用的空壳。 如果打破外壳，想要倒出存在于其中的这些标签标榜的内容，就会发现这壳里什么都没有。顺便说一句，仅凭质疑"上帝"这个概念，尼采是无法杀死上帝的。

尼采在揭露客观知识的教条表象之后，强调应当以更加直观、更加本能的态度尝试获得现实的价值。我们这位哲学家发现，现实的表现形式无穷多变，而概念这种产物根本无法逃离逻辑的制约。于是，概念构成工具，具有规范、引导人类思想的神奇作用。也就是说，概念能够让思想脱离自身、脱离存在，与生活彻底脱钩："单个的哲学概念绝不是毫无来由的,它们无法独立生长,只能在相互关联、相互作用中发展。""在无形魔力的作用下",哲人们"永不停息地兜圈子"。[1]正是在这种"魔力"的影响下,这些概念阻止我们朝着新的方向发展,阻止我们实现自我。其实,抓住我们的脚,让我们深陷"概念即真理"迷信泥潭的,恰恰就是概念本身。

---

[1] 引自《善恶的彼岸》,第一章,第20节。——原注

不要把概念神圣化！

➜ 像尼采一样思考

你是否已经注意到，某些概念、想法、表象在我们的生活中具有强大的力量？你是否已经发现，某些绝对理想（如"公正"的概念）掩盖了你经历的现实？也许你也会同意，这个现实绝不是完全公正的，其中总是掺杂着一些不公正，或者说，在体验现实的时候完全没有必要去考虑"公正"这个概念。也许你认为，以公正为标准来看待并评价生活只是众多选择中的一种。尼采邀请我们不要做概念的奴隶，而是只在实践层面上运用它、把它当作行动的工具，这样，我们就不会在概念面前丧失自己的主动权。尼采会说，想想那些签署之后毫无效力的条约。你的行动永远比语言和它表达的想法更有力。

个性化路线

你知道没有词语就没有概念吗?
↳ 如果想要了解这一点,请回到第9章:找到属于自己的表达方式

在质疑词语和概念之后,你还想质疑"解释"吗?
↳ 请前往第16章:没有事实,只有阐释

你对"是否有可能超越概念"这个问题很感兴趣吗?
↳ 请前往第21章:本能是对个人特征的表达

15

比喻的力量

对真正的诗人来说,比喻绝非修辞方式,而是一幅能取代概念的画面,真正出现在诗人眼前的就是这幅画面,而不是某个概念。[……]如果我们以如此抽象的方式谈论诗歌,那只能说明我们都是不合格的诗人。

——《悲剧的诞生》,第 8 章

如果我们不再使用众人常用的词语，如果我们意识到那些词语听起来总是有点儿不恰当，那我们就会发现，必须给词语找个帮手了。于是，尼采自然而然地想到求助于形象化的比喻，而且他使用得还很频繁。对他来说，比喻不仅仅是微妙的类比，还是一张由多幅画面组成的网，其真实性绝不亚于由词语编成的那张网。此外，生动的比喻更加贴近现实世界，因此它们描绘出的现实也更具活力。

所以，尼采有时候会认为某些（表达价值观的）概念毫无直接关联性可言，但也不得不继续使用它们，否则，他就什么都说不出来了。必须注意，在他的作品里，有些话不能按照字面意思理解，我们在解释时必须费一番力，否则就会错解原意，或者只能从中看到我们自己的假设、自己的价值观。可见，读者必须学会克服明显的矛盾，将文字放在一起对比[1]，为此，读者可以借助生动的比喻。就算是尝试理解尼采哲学中最深奥问题时，这个方法也同样好用。

法国哲学家加斯东·巴什拉（Gaston Bachelard）在《空气与幻想》（*L'Air et les Songes*）中将尼采视为"空气比喻"的大师。除了"空气"这个元素之外，我也注意到，尼采偏好使用的其他比喻总是围绕着生理学与心理学，且大多数情况下也都是为了阐明这两个领域的问题。在这两个领域中，我们谈论的问题并没有太多不同，所以，使用一些比喻，把这两个领域重新送回它们共有的那片土壤上，那片所有生命、所有意志共同生长的土壤上的做法确有可取之处。因此，以生理心理学[2]为基础构建的比喻是在将意志的强度转化为生命

---

[1] 正是出于这一根本原因，我们这本书才会邀请读者做主，让你借助一系列交叉指路标完成自己的旅程。——原注
[2] 这是一种关注精神的肉体基础的心理学，它最终致力于对人类和生活的描述，以摆脱肉体与精神之间的鸿沟。——原注

的力量。

出于这些原因，作为一名作者，尼采请我们尽可能善待他（请克制自己，不要看到表面或字面矛盾便抓着不放），同时，他要求我们尽可能多下点儿功夫，让内在意义从词语中浮现出来。如果能读懂具有喻意的词语，那就更好了。在这个方面，尼采这位作家坚持哲学的方法，他要求读者愿意和他一起当个哲学家。他也从根本上尊重读者的想法，并不要求读者和他自己想的一样——读者的人生轨迹与生活环境定然与他的不同。

为了你的表述，使用形象化的比喻！

➜ 像尼采一样思考

我们使用的语言与词语，或多或少地反映了我们所属的环境。但你有没有注意到，使用词语的方式在很大程度上构建了我们的身份？你是否已经产生了这种感觉：语言构建了我们的思维方式，也把我们困在了某些模式中，限制了我们的自由？在或简单至极，或过于明确的对立概念（老板与雇员、男人与女人、儿童与成人）的背后，寻找另一种方法，帮助我们以一种更加丰富的方式看待事物。在这种探索中，形象化的比喻是极佳的盟友。

个性化路线

你想了解尼采如何在更广义的层面上让"现实"动起来吗?
↳ **请前往第18章:历史并非单一真理**

你想了解更多关于拒绝二元对立理论的知识吗?
↳ **请回到第3章:一种完全没有"性别差异"的哲学?**

16

没有事实，只有阐释

我们称之为"诠释"，但"描述"才是它的名字，即令我们有别于旧有知识和科学水平的东西。我们在描述方面做得更好，——但在诠释的时候却和所有前人一样可怜。

——《快乐的科学》，第三卷，第112节

在批判了词语和概念之后,尼采当然会坚持他的道路,对"阐释"进行批判。阐释,同样基于(对词语和概念的)相信的逻辑,因此必须弃用。与阐释相比,尼采更加偏好"诠释",他将其视为对我们所处环境中的价值观是如何产生,以及我们是如何感受其发展的调查。他反对划定概念并将其捧上神坛的做法,在他眼中,概念不过是自恃客观的空洞身份而已。不要再去揭开现实的面纱,在我们的想象里,现实是能够独立于我们而存在的(从中可以看出对柏拉图主义的批评)。但是,现实绝非已然存在、任何人都能随意获得的,现实需要我们用自己的眼睛去看,每个人所见的都不同。我们要做的,就是抓住它。所以,动手吧!**不要觉得别人知道得比你更清楚,只有你自己才能辨别并体验属于你的现实,其他人无论是谁都无法代替你。**你自己对现实的描述永远是最准确的。

也许你觉得自己掉入了相对主义的陷阱?真的可以说有多少个人,就有多少种现实吗?让我们仔细思考一下。我们会教育孩子,让他们不要说"这样不好",而要说"我不喜欢这样"。我们会教育成年人,让他们不要说"这是真理",而要说**"这是我对这种现象的诠释,也就是我自己的看法"**。看看尼采在《哲学家之书》(*Le Livre du philosophe*)中是怎么说的:

> 那什么是真理呢?一连串变动的隐喻、换喻、拟人手法,也就是人类关系的总和,[……]经过长期使用之后,这些关系在某个民族眼中已经固定下来,成为典范,且具有约束力:真理即幻觉,只不过我们已经忘记了这一点。[1]

---

[1] 原书中引用的版本由法国出版,并不属于目前公认的尼采著作。——译者注

相对主义的怀疑观点并不会给你带来伤害,因为你的存在的确受到了时空限制:你存在于你四处走动的身体里,存在于你行动的环境里,存在于你从事的生产活动里,存在于你生活的国家里。

对与你有关的事物,如果你拒绝任何阐释,转而进行诠释,那么,你就能将自己从天真幼稚的信念中解放出来,实现精神的真正成熟。当然,我们必须学会看清事物的本来面目,这是人类为了自我实现而必须经历的青春期(法语中"青春期"的单词"adolescence"的字面意思就是"学习痛苦")。

下面的话也许能让你放心:无论尼采对解释的批判有多么激进,从某种意义上说仍是某种哲学的延续。早在他之前,无论是诠释本身,还是被我们视为最有价值的那些科学定律,都受到过严重动摇,有些甚至已经被从宝座上拉了下来。[1]对这种怀疑论,尼采给出了理由:诠释只是描述而已。这些描述来自你的个人经验。

你想要让自己相信,其实知识的客观性并没有那么重要?让我们接着看。一个多世纪以来,量子物理学不仅撼动了科学观察的整个框架(首先就是对时间和空间的观察),还对观察方法的客观性(方法不止一个——请参见关于波粒二象性观察的争论)乃至对矛盾原则(站在我们的观察立场上,薛定谔的猫既有可能是死的,也有可能是

---

1 就连怀疑论者大卫·休谟(David Hume)也知道,因果关系归根结底是对恒定结合的描述:不应臆断出"结果植根于原因"这样的关系,而应满足于"两个或多个现象之间有着相对稳定的联系"这样的观察结论。这种对因果关系的否定伴随着一定程度的怀疑:在他看来,"太阳每天都会升起"这样的肯定表述其实只是在说很大的可能性罢了。的确,在整个生命过程中,你经历的每一天都有机会看着太阳升起,但终有一天,它将不再升起。——原注

活的[1]）提出了挑战。看，想要让现实解体，最棒的方法就是阐释它。而想要保护现实，最棒的方法就是诠释它。

　　这些思考会对量子物理学产生影响，可为什么你我对此依然无动于衷呢？因为我们没有亲身体验过。无论物理学给出怎样的阐释，我们都能感知到变化，并能描述它：我们衰老、搬家、身边出现新的人，我们所爱的人也会发生变化，甚至离开我们。为什么存在时间和空间？很简单，因为我们把它们描述为时间和空间。这就是尼采所说的诠释：诠释，就是生活。

1　这是一个思维实验，想象一只猫被关在某个装置里，在实验结束时，猫活着或死亡的可能性各占50%。量子物理学模型根据我们对这个现象的观察，同时接受这两种情况（它们互相重叠，我们可以同时说猫是死的也是活的），但现实经验迫使我们做出决定：猫要么是死的，要么是活的，这两种情况肯定不会同时成立。只有当我们最终打开装置时，两种可能状态中的一种才会成为现实。——原注

不要让别人替你表达！
自主诠释自己体验过的现实。

➜ 像尼采一样思考

对你来说,"阐释"意味着什么?如果你很重视阐释,那么你可能倾向于将"阐释"与"合理化"画等号。也就是说,当你能够证明某件事是正确的时候,你就会认为这件事具有合理性。按照这个逻辑,只要某人给出阐释,你就能接受他令人反感的行为吗?另外,也许你认为,那些最有价值、最显而易见的事根本无法阐释,或者说,根本不需要阐释。例如,只要相信上帝,上帝就存在;只要感受到爱,爱就是事实。这样看来,我们可以达成一个共识:我们能阐释某种现象,却并不意味着我们相信它合理。我们有时也会接受某种事物,却不一定能对此给出阐释。也许,你能做的只是观察现实,然后以自己的方式诠释它。在生活中,你到底是被阐释蒙蔽了双眼,还是被自己的诠释照亮了未来的道路,只有你自己才能分清。

个性化路线

你坚持认为理论立场能够改变我们的生活吗?

↳ **请回到第12章:颠覆与摆脱**

17

日神与酒神

就像一个撑船人,在无边无际、波涛汹涌的暴怒汪洋之上,依赖那脆弱可怜的小船;每一个人也都是如此,在这个充满苦痛的世界里静静坐着,依靠并信赖那个体化原理(*principium individuationis*)。

——《悲剧的诞生》,第1章:引用叔本华《作为意志和表象的世界》,第二卷,第23节现在来谈谈关于艺术和艺术创作的问题，更准确地说，是关于波提切利的艺术和艺术创作的问题。你的脑海中出现了《维纳斯的诞生》？想到了维纳斯从微风轻拂的平静海浪中出现的情景？尼采让你看到的景象可没有这幅名画那么经典，他提到的是一位战胜了动荡与混乱的神。你认出他了吗？他就是阿波罗，即日神，各种形式的创造力的守护神。

当然，听到阿波罗被如此描述，你一定会很惊讶：大家不都说他是艺术之神或者美之神吗？而且，在这幅激荡的场景中，横插进一句从中世纪的古旧哲学书里跑出来的"个体化原理"，又是怎么回事？阿波罗声名显赫，难道不是因为他是诸位缪斯女神的杰出领袖吗？

虽然阿波罗拥有人类个体的外形[1]，但他首先代表着一种自然力量，这力量来自全部个体共享的那块土地，所有个体及个体倾向均从此处诞生、传播。成为阿波罗就是成为一个拥有神性的**个体**，他通过自我肯定、让自己与他人有所区分来实现自身的完满。

尼采对艺术的描述具有宗教色彩，更准确地说，具有藐视宗教的色彩。假设尼采去当艺术家，那他一定会崇拜非基督教的神灵阿波罗。这是因为，如果想要停止求真，就必须借助"创造"：求真的意志将耗尽查拉图斯特拉对"上帝已死"的信念，最终被创造的真理所取代。或者说，艺术家的责任在于用关于生命的艺术取代求真的艺术——在当今世界，这项计划仍然很有前景。

在解释人性的时候，尼采没有使用耶稣的"牺牲模式"，而是更

---

[1] 古希腊人喜欢用拟人化手法，在塑造神灵的形象时加入人类的生理和心理特征。——原注

喜欢阿波罗的"创造模式",在这里,他再一次使用非基督教的方式来展示人类的特质。他用"以实现自我为目标"的强大驱动力,取代了"原罪"这个沉重包袱。人生不是罪恶的,而是艺术的。人生的目的不是重返人类共同的天堂,而是作为个体去追求最终的自我实现。

除了阿波罗,还有狄俄尼索斯。在尼采看来,阿波罗和狄俄尼索斯是不同艺术创作形式的共同基础。当我们的视角因艺术而得到解放、不再局限于个体特质的时候,这种打破边界的行为就时常发生,这在音乐领域尤为明显。尼采凭借专业人士的敏锐度,通过这两个代表人物描述了古希腊艺术,从广义上说,是描述了古希腊文化自古风时期初次现身起直到古典时期的创作活动的整个发展历程。这些内容来自尼采年轻时期(当时他才28岁)写的《悲剧的诞生》。我们这位作者认为,敌基督者不像阿波罗,而像狄俄尼索斯,他表达出了狄俄尼索斯式创意所伴随的醺醉感。他曾写道:"一种纯粹艺术的、反基督教的评价[……]我把它称为狄俄尼索斯的(评价)。"[1]尼采认为,艺术形象是"经过净化的现实",是一种已经从真实的琐碎中解脱出来、经过变形的形象,是美感、愉悦感、满足感的载体。去接纳阿波罗吧!去仔细思考他的可塑性,这是懂得如何升华个体化原理的天才在战胜个体痛苦之后收获的成果。然后,再去听听狄俄尼索斯说了什么。

用不了多久,这些充满神性的形象就会被扩展到艺术领域之外,帮助我们理解生命的创造与毁灭。在《悲剧的诞生》这本书之后,尼采也曾再次提到阿波罗,并将自我肯定时的权力感带来的平静归

---

[1] 引自《悲剧的诞生》,"自我批评的尝试",第5节。——译者注

功于他——**这样的自我肯定,必然包括毁灭(过去)与创造(走向未来)的部分**。现在,轮到你了,请让阿波罗精神成为你生活中的一种态度!就算结果会超出你的想象,也要勇敢地去发现自己个性的方方面面!不要害怕,在我看来,作为阿波罗化身的尼采有的时候也会表现出一些让人意想不到的特点。让我们来听听这段话:

有些地方还有民族,还有群体,尽管我们这里已经没有了,我的兄弟们啊:在那里有着一些国家。

国家?那是什么?好吧!现在请认真听我说,因为我要给你们讲讲民族之灭亡这个话题。[1]

尼采这节奏,顶得上说唱歌手埃米纳姆全盛时期表现出的那种热情了,有这种感觉的应该不单单我一个人吧?你说,这段像不像法式说唱,或者巴洛克歌剧中略显俗气但相当精彩的一幕戏?无论如何,不要觉得自己荒谬可笑,勇敢表达你内心的阿波罗精神吧。

1　引自《查拉图斯特拉如是说》,第一部,"新的偶像"。——译者注

让创造力带动你的脚步！
就算没人认同，
也要勇敢肯定自己的品位！

小测验！

你是什么样的艺术家？阿波罗式的，还是狄俄尼索斯式的？

a) 你是古典艺术家，倾向于大众甚至传统流派。对你来说，艺术是沟通工具，是社交场所，艺术品必须携带一定信息、一定含义，能够明确传达给他人。你需要一段时间才能开始欣赏新鲜事物，甚至会在某种潮流已经过时之后才融入进去？那么，你拥有狄俄尼索斯性格！

b) 你相当独立，就算没人理解，就算被大家嘲笑，你也总是拥有独立追求能够反映你当下愿望的勇气？那些毫无个性可言的简单反应总是让你大倒胃口？那么，你拥有阿波罗性格！

无论你拥有哪种性格，尼采都邀请你在日常生活中融入一些艺术元素：艺术本来就应该出现在生活之中。

个性化路线

尼采的大胆很吸引你?
↳ **那么你一定会喜欢第三部分!**

你不太记得为什么有必要以知识之外的方式来肯定自己了?
为什么要去体验这个世界,而不是试图积累与它有关的知识呢?
↳ **请往回翻一点儿,回到第16章:没有事实,只有阐释**

18

历史并非单一真理

也就是说,在生活和行动中我们需要它(历史),但目的并不是以一种舒服的方式远离生活和行动[……]。只有当历史为生活服务时,我们才会运用历史,但在学习与欣赏历史上有个度,超过这个度,生命就会枯萎与退化。

——《不合时宜的沉思》,
第二卷:论历史对生活的用处与干扰,序

在很多情况下，小题大做都被当作缺点。首先，它意味着揪着细节不放，把本来没那么复杂的事情变得复杂，过度质疑，甚至让人反感、招致麻烦或给自己树敌。如果这种行为不受控制，那它就会走向极端、掀起风波。不过，在尼采看来，这种把一件小事讲出许多道理的行为至少也有一个优点：它暗示着保持距离。也许，从现实意义上说，提出多种说法是对事物真实面貌的另一种诠释，与迷信自己被动接受的既定真理相比，这种做法还是略胜一筹的。但尼采认为，接触多种说法，甚至关于历史的多种版本的时候一定要懂得适可而止，这是因为，从第二个层面上说，过多的历史对生活有害。尼采这位哲学家邀请我们了解一下关于"历史"的简史。

历史有很多版本，并非单一真理

人们会用怀疑的眼光看待那些出现了太多版本的历史故事。谈到**真理**的时候，我们无法接受有两种说法共同存在。可你要知道，当尼采谈及历史的时候，他不仅把历史看作一门科学，还回顾了导致我们所有价值观形成的冲动、本能和情感根源，其中也包括对单一真理的追求。从中他意识到，"真理"并不具有单边性、唯一性，因此也不具有绝对性。至少，"真理"是仅相对于"人"这种存在形式以及人类的历史而言。太多时候，我们心中渴望真理，却误以为自己需要的就是真理。我们被单一真理蒙蔽了双眼，无法把它当作无数版本中的一种来讲述。尼采解释说，追求真理的人最想要的其实是安全感，因为他们对人的存在本身就感到恐惧。事实上，人的存在并不稳定，而是呈现出多种形式，这就要求人们必须努力为自己的存在赋予意义，这也意味着人们必须对自己的存在有所意识，并质疑自己。尼采首先邀请我们以人性的目光静心审视，超越真假之分，也就是说，打破真理那令人窒息、麻痹的氛围：讲述多版本的历史能够将我们从单一真理中解放出来。承认我们的历史并非"真理"，这本身就是一种救赎。

有关道德观念的多版本历史

历史不仅否认真理，也将触手伸向了道德。道德史[1]是指细致观察道德观念（及道德观念的表现）相关讨论的历史积淀，揭示了其结果的相对性、贫乏性、简化性以及虚幻性：我们的道德观念只是众多表象中的一种。"向前走吧！我们的旧道德不过是闹剧而已！"[2]尼采这样认为。通过历史可以看出，道德只是从历史和政治角度对单一真理的转述，即处于主导地位的价值观的沉淀，人们高估了它的价值，并在某个文化或社会团体内部将其视为值得崇拜的对象。人们用它来评价所有行为，以此区分好坏对错。是的，人们高估了它的价值：人们给它赋予的价值并不是它本身具有的（而是来自冲动的积淀过程），还要求其他文化或社会团体对待事物时采用与自己相同的价值标准（这是一种悖论）。在讲述历史的多个版本时，尼采邀请我们静心审视，超越真假之分，请我们仔细观察，发现那些被我们视为真、善或其他容易判断的事物同样是历史的产物，也就是说，同样是我们诠释的产物。

服务于不断变动的存在的历史

世界上存在着许多道德观念，而且这些道德观念也并非一成不

---

1 或者说道德的谱系，参见第10章。——原注
2 引自《道德的谱系》，前言，第7节。——译者注

变。它们并不像柏拉图理论中的那些理想典范,飘浮在一片尚未被创造的天空中,永远不变,永远存在。与此相反,和所有思想产物一样,道德观念也有一个出生日期、一个起源,所以存在两种讲述道德观念的方法。第一种历史总是讲述者无意之间创造出来的。尼采解释说,比如那些英国心理学家,当他们说某人"善良"的时候,这个形容词并非描述陈述对象本人的特征。这些心理学家从自身角度对其对象进行诠释,造出了这个特征,而对这个过程,这些心理学家是完全没有意识的。不知不觉中,他们为那些自我满足的人创造出了"善良"这个概念。第二种历史则来自我们这位哲学家,他的历史感要比普通的心理学家强得多。他不仅找到了善良这个概念的起源,还确定了其历史来源背景,并考虑到产生这样一个概念所需的整条路径。无论他实践的维度是考古(保留过去)、纪念(肯定成就),还是批判(在不连续中感知连续性,并意识到没什么是毫无变化的),重要的是,他永远不会忘记历史是为存在服务的。

多用几种方式思考!
任何事物都不会只有一面,
不要把它们限定在门类标签里。

→ **像尼采一样思考**

　　尼采提出的历史的不同维度遇见了一个普遍的问题：历史在你的生活中意味着什么？你倾向于将历史视为过去的见证、基石，还是倾向于将它视为一种能力，帮助你后退一步看问题、肯定你看待世界的观点与方式？你是否认为过去的生活与价值观能够独立于你而存在？还是说，你认为自己也在**创造**历史？在这种情况下，你会不会允许自己采用不同的视角，以便更好地体验某种现象的复杂性，充分地了解自己的各个侧面？

个性化路线

到目前为止,你已经弄清楚自己读过的所有内容了,对吗?
↳ **请大步向前,跳到第21章:本能是对个人特征的表达**

你想进一步了解遗忘与历史之间的关系吗?
↳ **请前往第20章:遗忘绝非缺陷**

你想要巩固之前了解的知识吗?
↳ **请回到第10章:关于道德的谱系学研究**

19

不要扮演受害者

牺牲的道德。——"热情献上自己""把自己送上祭台"——这就是你们那种道德的关键词,而我也愿意相信你们所说的,你们"的确就是这样想的"。[……] 因为你们[……] 一想到自己成了献身对象——无论它是神还是人——这一更强大存在的一部分,你们就会进入狂喜[……]。事实上,你们只是装作在牺牲自己,其实,在你们的脑海里,你们已经变成了神并体验着神的快乐。

——《朝霞》,第四卷,第 215 节

通过"受害者"这个概念，你可以再次体会尼采的心理分析的精妙之处。现在要讨论的是我们与他人关系之中的心理障碍，这有时候会被视为一种冲突。**当我们说某人是受害者的时候，首先意味着他以受害者自居。尼采解释说，这样做的目的是获得怨恨体验。怨恨是一种感觉，准确地说，是一种心态**，即把自己的痛苦归咎于自己以外的某件事物或某个人。

但也不能只从个人印象这个角度来理解受害者。所有"受害者"都会遇到一个问题，即导致他彻底成为受害者的机制：受害者本人将有关受害者的表象向内投射。无论他渴望复仇，还是容忍迫害行为，最终都无法改变这个事实。于是他退缩了，慢慢沉寂了。渐渐地，受害者不再有任何举动，似乎向外投射也变得不可能了。

受害者并没有努力肯定自己、给自己开辟出一条路，相反，**他禁锢自我，沉入想象的世界，一次又一次地回想自己的状况，不做出任何改变，在越来越窄小的监狱里沉思、自我陶醉**。根本不需要狱卒，在这面围墙里，他本人就是自己的刽子手，日复一日地努力加深自己的无力感。我们这位作者把受害者心态视为一种疾病，一种无可抑制、只会越来越糟的疾病。受害者自暴自弃，只能走向堕落。他把自己变成了受迫害者，并亲手实施了对自己的迫害。作为怨恨心态的受害者，他对自己的受苦经历记忆犹新。他关起门来，似乎要给自己刻上印记，想要以此来赶走自己身体里的那个罪魁祸首。他难以消化这段记忆，当然也无法利用它做点儿有用或积极的事，无法让它得到升华。

这样的景象有一些可怕之处。有人会说，这幅景象忽视了受害者身上真实存在的压力：刽子手确有其人，或者说，这一切的确都是刽子手的责任。尼采这种行为难道不是在蛮横地指责受害者吗？尼采可不是那种站在象牙塔顶端或豪华公寓里思考穷人的不幸遭遇，还觉得这其实和他没什么关系的人。在尼采生命中的很长一段时间里，他一直饱受巨大的身心折磨。考虑到这段经历，我们还能怀疑他的行为是出于傲慢吗？尼采只是认为，**如果自视为受害者的话，那么还没开始就已经满盘皆输了**。

幸运的是，还有一丝希望的光在远处闪耀。其实，在这个世界上，无论做什么都有可能让自己成为受害者，都有可能受到伤害、无法采取任何行动。是的，这个世界本身就有一定的难度系数，没有什么是百分之百绝对容易的。受害者心态的确难以摆脱，所以尼采才会来帮助我们。**受害者拥有一种潜能，只要重新引导一下他的怨恨情绪，便能把这种潜能释放出来**。

如果想要克服受害者心态，光靠自欺欺人是不行的。首先，要正视对方，也就是正视刽子手，看清他的真面目：换句话说，不要把刽子手当成一个**简单的**刽子手而已。作为受害者，必须意识到刽子手首先是"我的"刽子手，也就是说，是我自己的一种诠释，是相对于我**为自己安排**的善良人设而言的。如果觉得自己是受害者，那就意味着应当对自己的情况进行现实、务实的审视。

如果说对自身道德谱系的探索能够帮助我们从受害者心态中摆脱出来，认清其中的反常之处，那么对痛苦（尤其是我自己的痛苦）进行谱系探索，反过来也能让我们更好地认清痛苦的现实，也就是说，现实的层次，那沉淀而成的、丰富无比的、一层又一层的现实。斯宾诺莎这样的哲学家会解释说，如果能够意识到压在刽子手身上的许多决定性因素（老套的"受害者变施害者"理论），就能从很大程度上让自己摆脱怨恨情绪。

　　尼采认为，光靠找到罪魁祸首是不够的，找到导致刽子手做错事的原因也还不够，这些都不足以让我们摆脱痛苦。对他来说，最重要的是让我们重新感受到自己是自由的，感受到自己还有回旋的余地。就算回旋的空间再小，我们也要利用它把围墙推开一点儿，创造出个人环境。在个人环境中，毫不夸张地说，即便是受害者也能自己当家做主。

　　在这方面，心理治疗师恐怕应该感谢我们这位哲学家。对寻求心理治疗的人而言，治疗师的作用就在于帮助客户重新开始行动，他们就是那束代表未来的光。在他们的帮助下，那些自认身处困境的客户，无论其处境有多艰难（比如患上严重疾病，甚至是不治之症），在看待自身存在的时候，都能够不再以生命结束这一想象事件为出发点，而是将稳定的真实情况看作出发点，此刻之后的事都是还未发生的事（也是无法想象的事）。这样的改变，从表面上看只是视角的反转，却从根本上改变了生活的韵味。新的视角让他不再被动，变得主动进取起来。他不再是一个被迫承受痛苦的病人（在他自己的想象中他甚至已经是个死人），而是一个积极行动的活生生的人（真正的有血有肉的人）。他不再是一个**简单的**受害者。从这个意义上说，**尼采教会我们如何去活，让我们直到最后一刻都保持对自己生命的掌控。**

拒绝成为受害者!

不要给予刽子手更多价值了。

➜ 像尼采一样思考

尼采对受害过程的分析相当独到，因为它包含两方面的内容。首先，它让我们不要害怕别人；其次，不要害怕自己。不要在别人身上迷失自我，也不要躲在自己设下的限定范围里。一定要意识到这个矛盾现象：对刽子手的恐惧会刺激我们的想象力，让我们害怕真正的自己——既包括自己的优点，也包括自己真正的弱点。这也是困难与病态的表现，就像通过推走自己的幸福来自我折磨的人做的那样。你觉得自己是他人的受害者，还是你自己的受害者？即使你对自己的评价让你感到痛苦，但它有没有让你觉得自己恢复了一些自由？请尽可能准确地定义自己能够掌握的自由。鼓起勇气，你有办法采取行动！

个性化路线

你想知道如何与自己当下所处的情况拉开距离吗?

　　↳ **请前往第31章:追求精神**

你在思考如何才能不再当一个受害者吗?

　　↳ **请前往第26章:新一代贵族**

20

遗忘绝非缺陷

不懂得彻底忘记过去、安于当下门槛的人[……]将永远不知道什么是幸福,更糟糕的是:他永远都不会做点儿什么好给别人带去幸福。[……]任何事都需要遗忘:就像一切有机体的生命不仅需要光明,还需要黑暗。

——《不合时宜的沉思》,
第二卷:论历史对生活的用处与干扰,第1节我们甚至应当把遗忘当作幸福的前提条件！贺拉斯曾写道："及时行乐。"这位诗人赞颂的应该是关注当下、不过度担心未来的美德吧？尼采多半会回答说，历史不会就此结束。他关注这句格言中并未明说却相当关键的层面：具有决定意义的不是对未来的忧虑，而是过去的重量。关注当下的人**享受生活**，而关注过去的人则翻来覆去地想个不停。**如果活在过去，就无法获得幸福**。如果彻底保留过去，甚至无法生活。

过往的铭刻将给当下的存在染上怎样的独特色调？对此，尼采做了许多分析。在《不合时宜的沉思》第二篇中，他以历史这门学科为主题，颂扬了通过遗忘寻求幸福的美德。散步时，你观察远处吃草的牧群。在这里，我们这位作者描述了那个天生对你具有吸引力的矛盾点：你因自己不是动物而感到自豪，你也一定会意识到身为人的那种优越性，至少能意识到当下处境为自己带来的特权。你可以继续自由行走，去自己想去的地方，不会像动物那样被迫停留，被束缚在这木桩上。不过，尼采怀疑，在内心深处，动物身上的某些特质会让你羡慕。身处牧群中的那些个体似乎很快乐，即便它们自己好像没有意识到这一点。

即使禽兽[1]也会因其处境而感到痛苦，但你注意到了，这种痛苦并不会长时间连续存在于意识中，它并不具有持续性。对禽兽来说，此刻的事，下一刻就消失了。每一刻它们都会产生对世界的新认识。在尼采眼中，禽兽与家养动物之间的本质区别并不在于前者没有意

---

[1] 尼采所说的"禽兽"（德语中的"Tier"）是指野生或养殖动物，并非"宠物"（德语中的"Haustier"），后者与我们一起生活，我们倾向于认为它们可能也有时间意识。——原注

识，这种想法太天真了。从根本上说，禽兽缺少的是对时间持续性的意识：禽兽活在当下，因此不会被时间的重负压垮，从这一点来说，它不会感受到你的痛苦。

更妙的是，禽兽无论如何都会忘记，而你，需要做出很多努力才能摆脱压在你身上、扎根于你心中、长久不退，甚至粘在你肌肤上的那些记忆，其中有些你甚至根本无法忘怀。

尼采继续说，你认为只有那些不好的记忆才会给你负担，但实际上，阻碍你享受生活的是有关过去的全部。即使是那些来自过去的美好回忆，也会堆积成烦人的东西。它们形成了一堵墙，让你无法看到眼前的、定然全新的、与以往经历不同的事物。**如果总是想着来自过去的幸福画面，你就无法分辨幸福在当下的面孔**。在尼采的作品里，你不会找到"遗忘是个自然过程"这种看法，他认为遗忘是必要的。不过，人们大多被鼓励铭记过去。在他们看来，铭记有助于避免重复过去犯下的错误。你认为事情的确如此吗？过去的事情永远不会以完全相同的方式回归，这不仅是因为你的意识总是在变化，你以前还是孩子时的那种幸福也不再适用于今天的你。有些事，**你必须**忘记。

想要遗忘并不代表着头脑的懒惰，相反，这是一种主动释放内心空间的努力。有些东西，我们曾经被动接受，它们在我们毫不知情的情况下印在了我们的心里。这些痕迹有时无法磨灭，却一直被我们带在身上。把它们从我们的体内释放出去，这样做是为了我们的自由。遗忘意味着暂时关闭意识的门窗，让我们有时间以观众的身份仔细观赏内心舞台上的戏剧：只有这样，我们才能让自己避免在古老到无法辨认的无形之线的牵引下，不由自主地继续演出同一出戏。

遗忘让我们成为过去的导演，成为当下的演员，而不仅仅是观众。如果我们懂得与过去保持距离，就能知道其实记忆并非一个自动的过程：关于过去，我们从来都不会记住全部，我们记住的，只是我们自己筛选出来的、自认为有价值的片段。过去绝不只是过去。它是我的过去，是我的诠释，也就是说，是与我这个个体的构成有关系的一切事件的总和。虽然看似矛盾，但学会如何遗忘，你就学会了如何离开曾经的自己，就能为自己打开通往未来的路。这样做绝对不是放弃自己，而是更加关注自己的自由，加深有关自己独特性的意识。

但正是出于这个原因，遗忘全部也是不可取的。你一定不会在尼采的书里找到单方面赞美因遗忘而产生的无忧无虑的幸福，谴责自由带来的沉重、严肃的责任，并坚持从中完全解脱这种天真的想法。归根结底，这是一个关于"度"的问题：**无论是谁，如果过于沉浸在过去中，就无法展望未来**。心里满是过去，就像内存已满的旧手机，无法再容纳任何新内容。因此，我们要懂得如何遗忘？是的，这样做恰恰是为了不要忘记自己，不要忘记作为个体的自己。就像用黑板擦擦掉记忆一样？是的，但只擦掉不属于你自己的那部分，绝对不要擦去定义你个体身份的那部分。遗忘是为了幸福、为了生活、为了彰显（而不是模糊）你的独特性，这就是尼采鼓励你去做的事。那么，请为了你的故事、你的生活，将遗忘付诸实践吧。

活在当下，
不要把过去的一切
一遍又一遍地拿出来重温！

→ 像尼采一样思考

如果你认为遗忘仅仅是缺点、是一种精神上的懒惰、是一种无忧无虑的形式，那么尼采的分析应该能够引起你的兴趣。对他来说，遗忘是一种对生活做出的努力，让自己时刻面对新鲜事物。忘记过去能够让你看到之前从未留意到的事物。相信有些事情不会改变会让你安心吗？只有拒绝体验自身意识特性的人才会陷入这种错觉。人们可能会认为这是一种不真诚或不诚信的行为。你懂得如何遗忘，但你认为遗忘是一种舍己为人的行为，是一种宽恕，是给他人的恩惠，而且只有在为了他人的情况下你才允许自己的记忆出现这种缺陷？尼采请你思索：我们的遗忘，绝对不是为了他人，而是为了我们自己。遗忘能够为你的生活带来好处。

个性化路线

你意识到了遗忘的优点,
并希望利用它改变自己的某些习惯?
↳ **请回到第 5 章:警惕自己的习惯**

21

本能是对个人特征的表达

天才在于本能,善良也是如此。只有依照本能行动,才能实现完美。从道德角度来看也是如此,任何有意识的思索不过是单纯尝试,大多数情况与道德相反。

——尼采遗稿,1885—1888年,第15组,第25节尼采拥有自由的精神？这意味着他不信赖别人，只信赖自己。我们这位作者有力量坚持自己的观点。他不仅在自己身上找到了这种力量，还通过对自身本能的详细描述获得了这种力量。这是因为，在尼采看来，本能绝非内心世界的非理性层面，如果我们已经意识到自己人格中存在一些隐秘区域，并期望了解自己的人格本身，那么理解自身本能活动将令我们获益匪浅。

"本能"或"情感"，"激情"或"冲动"，在尼采的思想中，这些词语互相之间关联密切。我们这位作者将情感视为鲜活的自然力量，情感直接来自我们的心智，不仅决定了我们的感情生活，还决定了我们的感知、判断，以及我们为周边事物赋予的价值。情感（感性成分，与理性不同）、冲动（动态成分，与我们天性中固定不变之物的僵化表象相对立）是我们精神活动的基础。

尼采所说的本能是一个**过程**（不稳定的、动态的），是涌动所在，从字面意义上说，就是各种冲动相互推挤、彼此施压的地方。它是**无意识**存在的地方，或者说，是我们意识活动中较深的一层。为本能赋予活力的那些冲动，并不只是对我们产生决定作用的基本要素，其实，那些冲动已经反映出思想、判断、价值观的某种**组织**方式，即性格生根发芽的地方。我们可以把本能比作意识活动的根系网络：我们对世界的全部诠释都以本能为基础，但这个基础在建立时已经遵循了某种规则，其中一部分比另一部分对我们的作用更加明显。黑格尔认为："没有激情，任何伟大的事业都无法完成。"而尼采看得更远，或者说，看得更深。

在某种程度上，我们的情感活动是鲜活涌动的，是相互矛盾甚至相互对立的力量为它赋予了活力。意识到情感涌动的时候，我们的情感活动中就已经掀起过多场斗争。出现在我们面前的那些主要情感**已是赢家**。我们此时意识到的那些激情，已经从复杂多样的情感中涌现出来，超越了其他潜意识过程。尼采所说的处于支配地位的情感就是这个含义，他用这个词语来描述冲动中的优先顺序，这处于主导地位的激情也会在之后塑造我们性格的所有表达。

弗洛伊德坚持认为，我们精神活动的无意识层面从来都不是中立的，比如，在梦境中，显性内容（可见的、表面的）与潜在思想（真正深层、藏而不露的）是对立的。但是，尽管尼采和弗洛伊德都将冲动视为诠释过程的基础，两人在描述冲动的地位和运行机制时则采用了相当不同的方式。弗洛伊德注重强调意识活动与无意识活动之间的鸿沟，尼采则更加关注冲动的连续性与沉淀的分层。由此引发的调查很像是考古学，使我们的表象（尤其是意义与价值观）沉淀下来的层次变得更加感性。谈到压抑时，弗洛伊德解释说，我们日常的精神失衡源于冲动活动与现实意识（物质限制、社会要求）之间的冲突。**尼采则认为，其实所有人都是病号，但这并不是什么"坏事"**：这仅仅意味着我们全都受制于构成我们意识基础的那种可悲的努力，而且我们本质上是有感情的人，任何文化都不应该从我们身上夺走这些感情。在这个问题上，弗洛伊德同时考虑了无意识与价值观两方面，尼采则不然，他认为我们的价值观是冲动活动的产物，而他所谓的"无意识"中没有任何反天性的成分。这让情况出现了很大的改变。

本能中蕴含着一些宝贵的东西，这些东西不受一刀切式的二元逻辑（善与恶、真与假之分等）影响，它们来自生命本身，来自人之为人的关键。从这个意义上说，这些东西必然是"善"的，更准确地说，它们脱离了我们在使用语言与遵循道德观念的过程中沉淀下来的所有诠释。这样看来，本能活动也是善的，因为从逻辑和相对关系的角度讲，本能活动在前，而因诠释产生的所有幻想（我们慢慢习惯并将其内化的表象）在后。

尽管尼采的思想与斯宾诺莎的思想有许多不同，但在这一点上，两者却有着令人惊讶的相似之处。斯宾诺莎也曾用相当丰富的语言来描绘我们的情感活动，他的主要观点是，**我们总是会在事后判断某件事的价值**[1]。换句话说，**我们只喜欢那些已经吸引过我们的东西。我们为周遭事物赋予价值的行为绝非完全自由且自愿的，最重要的是，这种行为毫无中立性可言**。我们只是意识到了一个之前已被内化的过程，因此，真理的客观性完全是想象的产物。意识到这一点是扭转被动局面的先决条件：与情感重新建立联系之后，我们便能找到真正激励我们的那些东西，找到推动我们以创造性方式生活、发展的真正原因。

尼采坚持认为意志是一种复杂的现象，是由多种情感构成的。从这点上说，他同样继承了一种传统，即审慎看待一切有关自由的天真表述，比如，以"无意识"态度去对待生命中这一变化多端的层面，用"意志"这个词语去简单概括那些极度复杂的东西。在我们这位作者看来，本能是一种极具特殊含义的对个人特征的表达。也许，就算是被我们称为"自由"的东西，严格说来也不由我们掌控，或者说，并不完全由我们负责……

---

[1] "由上可知，我们并不会因为觉得某件事物好就去为它努力、期待它、追求它、渴望它，恰恰相反，我们是为某件事物努力、期待它、追求它、渴望它，所以会觉得它是好的。"引自《伦理学》，第三部分，命题9，附释。——原注

本能绝非理性的对立面，
而是一种解放！

→ 像尼采一样思考

尼采引导我们回顾自己对"无意识"这个概念的那些想当然的认识。我们必须注意，无意识并非我们与生俱来的特质，它是与我们自身一起形成的。它的确是我们的一个组成部分，这是因为，正是在支配着我们的冲动的操控下，我们才产生了各种行为，当本能肯定自己的时候，我们就能肯定自己。本能并不难以捉摸。事实上，每一个能够与自己保持一定距离的人，都能毫不费力地遇到它。此外，我们还要知道，本能实际上并非暗藏于心灵中，它并不具有纯粹个人属性。也就是说，本能活动不受任何评价的影响，它让我们回到那个"善"与"恶"尚未被定义的地方，回到那个我们还没有作为个体存在的地方，那是我们个人旅程的开端。有了这样的理解，我们才会希望每一个人都能与自己的生命——我们每个人赖以成长、肯定自我的共同基础——和解。

个性化路线

你想要了解其他解放自己的途径吗?
↳ **请回到第13章:自由精神**

你觉得社会是对解放的一种约束?
↳ **请继续向下阅读第22章:羊群心态是一种社会疾病**

第三部分

尼采时而很激进

22

羊群心态是一种社会疾病

所有病人、所有病歪歪的人,为了摆脱令人压抑的沉闷感和虚弱感,会本能地寻找一种群体组织:但凡有群体的地方,都有这种促使群体产生的软弱本能[……]。不要小瞧这一点:强大的人在天性驱使下远离人群,正如软弱的人在天性驱使下走向人群。

——《道德的谱系》,
第三章:禁欲主义理念意味着什么?,第18节面对大多数社会中普遍存在的羊群心态，尼采并不是第一个持批判态度的哲学家。在古代，斯多葛学派的塞内加等人就曾警告说："重中之重，切勿如羊一般跟随牧群，走在前面的不会把我们引向我们应去的地方，只会把我们引向众人前去的方向。"有时，这种羊群本能能够帮助我们融入大众，但它也是对自身自由与个性的否认，也会产生反作用。

尼采对这种社会疾病进行了细致入微的诊断。他明白，羊群心态明显是对"害怕被孤立"这一心态的回应。在《快乐的科学》第一卷第50节中，我们这位作者指出了随波逐流倾向的两张面孔：既有道德相对主义（羊群心态并不以最佳价值观自居，它只是表达了多种看法中的一种，即我所在社会的看法），也有对孤立的恐惧（其他人做什么自己就做什么，否则自己就会被孤立）。羊群心态源于什么？是缺乏批判性判断力，还是对分歧的莫名恐惧？在我们这个时代，伟大的倡议——包括最合理的那些（不过，是否合理这个问题，还是让每个人自己来判断吧）——依然只是由小部分人推动的，还会导致其他多数人的仇恨或怨恨。在这样的背景下，对第二个假设做出分析显得尤为适时。看看吧，但凡与女性、外国人、地球未来、动物权益有关的新闻，就会激起极其强烈的反应，这种事每天都在发生。尼采多半会问，在这个世界上，抵制女性解放运动的人远比支持者多，在移民问题上支持敌对政策者远比支持欢迎政策者多，反素食者远比非责备性素食者多，与地球生命不相容的经济模式的支持者远比替代模式支持者多。总之，反对社会"道德"追求的人远比其支持者要多，这种情形是不是很有讽刺意味？

但我们不要生气。尼采的诊断方式之所以有可取之处，是因为这种方式并不会以价值观为依据去对抗他人,而是会对人性进行细致的描述,尤其是在心理层面。尼采考察人们对被孤立(社会边缘化)的恐惧感的重要性,从规范性关注("要这么做,不要那么做,这样才能……")入手,只要我们能够意识到这种恐惧的保障作用,就能获得自发采取行动的手段,甚至意志。例如,我们如何解释在"我们的"街道上有数十万无家可归的人?如今,社会学家们已经真诚地意识到,造成这种情况的责任并不在于这些被边缘化的群体本身,而在于排斥他们的社会。正如某些社会学家所说,全世界最富有的社会竟然不能为每一个人提供一个屋顶,这到底是什么不可思议的事?将边缘化与排斥相联系,才能显露出其中最邪恶的一面:羊群试图宣称自己的行为是合理的。尼采多半会含蓄地发问,也许排斥流浪汉的正是我们自己?是我们,以他人为代价,生产出我们所需要的社会黏合剂,然后继续我们的幻想:"但凡有群体的地方,都有这种促使群体产生的软弱本能。"

不要随波逐流！

不要害怕孤独，要敢于站在大众的对立面上。

➜ 像尼采一样思考

你怎么看待有关正确的道路和自己与他人之间关系的问题？大多数时候，你会坚定地踏上属于自己的那条路，还是会相信他人的说法和想法，于是转而遵从他们的路线？通过回答这个问题，你就能评估自己到底有多看重个人信念，以及坚韧不拔的精神在你的存在中起到多大的作用。尼采希望大家放心：当你不得不在他人面前维护自己的时候，就算人们说你是怪人、是异类，真实的你也不会像他们说的一样。也许你只是希望肯定自我。那么，你是否能够不顾僵硬的桎梏、群体的压力，继续与他人保持距离？

个性化路线

理解羊群心态时,是否应当将它与宗教压力联系起来?
　↳ 如果你认为"是",请阅读第23章:敌基督者

你认为"真理"的分量不可忽略?
　↳ 请回到第16章:没有事实,只有阐释

你觉得自己已经能够在人群之外发光发热了吗?
　↳ 如果你已经准备好了,请前往第26章:新一代贵族

23

敌基督者

一个人如果不是敌基督者,就不可能是语文学家或医生。作为语文学家,尤其能够看到"圣书"的背后,作为医生,尤其能够看到典型基督徒生理堕落的背后。医生说"不治之症",语文学家说"江湖骗术"……

——《敌基督者》,第47节

在尼采的诊断中，他进一步指出："但凡有群体的地方，都有这种促使群体产生的软弱本能。"紧接着，他又说："群体也是在牧师的精明谋算下组织起来的。"[1]你看，仅凭羊群本能是无法解释我们这种群聚行为的。我们的冲动本身就是组织、培育的结果：没有主人，就没有牧群。如果把我们看作既有社会性又有野性的动物，那么最适合把我们比作狼群。尼采认为，在狼群的领袖中，站在最前面的就是牧师。

对于这个问题，请尽量理性看待，不要认为尼采原则上是个教条式的反教会主义者。事实恰恰相反，尼采小时候曾接近宗教（顺便提一句，斯宾诺莎也是如此）[2]。我们有时会忽略这一点：在开始思考之前，哲学家也是且一直是拥有生活和成长经历的普通人，他们并不会彻底遗忘自己的童年。而尼采来自一个路德教家庭，宗教信仰对他的家庭生活影响很深。他不仅思考神性，还亲身体验过自己与神之间的关系。

尼采对宗教的不敬绝非因为天真或教条，而是他努力基于语文学和医学做出双重的诊断[3]，我们可以借助这一诊断来统一我们这位作者的批判要素：他之所以将基督当作自己批判的理想目标，是因为基督是灵与肉的结合，同时（经过语文学家研究的）文本充分暴露了（作

---

[1] 引自《道德的谱系》，第三章，第18节。——译者注
[2] 人们常常忘记，斯宾诺莎对宗教的不敬——或者说对上帝（或自然）的理性主义态度——并非仅仅来自他心智上的思考。整个童年在内，斯宾诺莎生命中的一部分时间都生活在犹太教中。他受到绝罚之后，被整个犹太社会彻底排斥在外，不仅被禁止参与宗教活动，还不可与自己的亲人建立任何书面或口头上的社会关系。禁令文书中提到，愿他受到诅咒，愿他的"名字永远从这个世界上消失"。尼采和斯宾诺莎批判了不同的宗教，但他们有一个共同点：他们都深入了解过宗教，并在生命中很长一段时间里一直虔心依照宗教规则行事。——原注
[3] 详见《敌基督者》，第47节。——原注

为医生兴趣对象的）人的（无法治愈的？）疾病。

对尼采来说，基督教简直就是一种死亡崇拜。他谴责基督教光鲜外表之下隐藏的恶习，那种信仰中难以掩盖的嗜血性，在任何愿意睁开眼睛看的人眼中都清晰无比。因此，他曾引用一位天主教早期教父（德尔图良）的话，这位教父建议基督徒们远离公众演出中的残忍欢愉。为什么呢？"信仰会给我们带来更多、更强大的东西；凭借救赎，我们又获得了一些完全不同的快乐。我们有殉道者去代替角斗士；我们想要血，那么我们就有了基督的血……更不用说基督回归、凯旋的那一天等待我们的会是什么了！"[1]尼采说，看看吧，基督教拥护者的价值观与他们自己反对的价值观并没什么不同。这种反转只是表象，只是一种小花招：它只不过是一种营销手段，两种情况之间的差异不过是广告的呈现方式不同而已，但广告企图出售的产品仍然是一样的。正因为尼采本人来自基督教家庭，所以他才会悲哀地觉得自己更像是仇恨的产物，而不是爱的产物。

> "我也是永恒之爱创造出来的"——在基督教的天堂之门和它那"永恒之喜乐"上无论如何都应该刻上"我也是永恒之恨创造出来的"——也就是说，应当在通往谎言的大门上刻上一句真话！[2]

《道德的谱系》中还包含其他一些对宗教场景的可怕描述，尼采的描述让人心惊，尤其在展现宗教的"幕后"场景时。《道德的谱系》

---

1 引自《道德的谱系》，第一章，第15节。——译者注
2 引自《道德的谱系》，第一章，第15节。——译者注

是一部三卷本著作，在第一卷可怕的第14节中，尼采带领我们来到价值观制造场所的内部：

> 有人想更深入、更仔细地看看那秘密吗？想看看尘世间是如何制造理想的？谁有这样的勇气？……看吧！在这里可以清楚看到那黑暗的作坊。

（于是便听到了下面的话）：

> 此时，他们想让我明白，他们比尘世间的那些王侯将相要好，他们必须舔舐那些人的唾液（不是出于恐惧，根本不是、绝对不是出于恐惧！而是因为上帝要求尊敬所有权威）——但与那些人相比，他们人品更好，过得也更好，无论如何，他们总有一天会过得更好。不过，够了！够了！我再也不能忍受了。糟糕的空气！糟糕的空气！这制造理想的作坊——我觉得，它那谎言的浊气让人瞠目结舌。[1]

尼采认为，这种谎言造成的后果在道德和正义方面尤其明显。在这些方面，只要有一种行为偏离了环境的表象，就会遭到其他人的猛烈抨击，还会被提醒要"负责任"。尼采在《道德的谱系》第二卷中指出，在这方面有一点相当有趣：在很长一段时间里，我们本来是完全没有"过失"或"责任"这类概念的。例如，据我们所知，在历史上大部分时间里，我们对"罪犯"的惩罚完全不涉及他们的"自

---

[1] 引自《道德的谱系》，第一章，第14节。——译者注

由"，仅仅是报复，也就是复仇而已，他们会用大致相当的痛苦来偿还自己造成的伤害。在这些著作中，尼采不仅向我们讲述了实施不公正行为的人的兽性、本能、情感的原始形式，最重要的是，他还讲述了另一个实施公正行为的人的兽性：**那个风光无限的正义判官，当他为正义的伟大原则摇旗呐喊时，难道不也是在充满怨恨地报复某一类人吗？**

因此，尼采批判中的反基督教层面与以谱系形式写就的道德史相关联。这能帮助尼采尝试理解我们的世界——尤其是我们的道德、法律，并且不对这个世界的人性进行预判。价值观来自记忆，这记忆有如印在具有兽性的人类身体上的烙印。那些被我们称为"有道德"的人并非自己生长起来的，而是从经过几个世纪培育的牧群中走出来的。而这牧群，无论站在边界的哪一边，无论身为受害者还是刽子手，无论在教会内还是教会外，尼采都观察到了它所处的情感环境。作为一名敌基督者，尼采希望自己能够公正不倚地观察现实。

相信自己!
不要让来自教育的价值观
蒙蔽双眼。

→ 像尼采一样思考

关于"上帝之死"这个微妙的话题,尼采邀请我们跨越那个永恒的问题:你相不相信上帝?仔细阅读尼采的著作便能发现,这个问题几乎毫无意义,至少,仅仅提出这个问题是完全不够的。懂得解释自己信仰的独特性,找到自己与神性之间的亲密关系和个人关系,或者,如果不信神的话,那就了解自己为何排斥信仰,这才是更有实践意义、经过多方位思考的姿态。我们与神性之间到底是什么关系?信神的人,是否把上帝视为庇护?有什么可以证明神的道德价值?或者说,有什么可以激励或磨砺信神者对自身的批判性判断力,还能让他在毫不预断自身优越性的前提下尝试评估自身行为的道德尊严?尽管尼采是敌基督者,但他一定会更喜欢有怀疑精神的基督徒,并质疑那些号称自己从未受过邪恶诱惑的人的诚实。无神论者也应该参与进来:在你眼里,不相信上帝是否意味着一切都是没有意义的?无信仰给了你一个谴责宗教信仰骗局的理由,还是只带给你一种非教条的评估方式,让你看清自己对自身及他人行为好坏的判断标准?在尼采看来,敌基督者是在尝试以柔和、现实且真诚的方式寻求道德评价方面的自主权。

个性化路线

你想深入了解我们的情感的基本作用吗?

↳ 请回到第21章：本能是对个人特征的表达

你知道谱系方法的优点吗?

↳ 如果还不知道，请回到第10章：关于道德的谱系学研究

↳ 以及第18章：历史并非单一真理

你已经准备就绪，想要开始分析我们价值观的培育过程了吗?

↳ 请前往第30章：培育与驯服

24

虚无主义

我们不仅失去了对人的恐惧,也失去了对人的爱、对人的敬畏、对人的希望,以及对人的祝愿。看到人的时候我们只会感到厌倦——如果这还不算是今天的虚无主义,那还有什么算是呢?……我们对人类感到厌倦……

——《道德的谱系》,
第一章:"善与恶"、"好与坏",第12节

"这样做是值得的"——这就是虚无主义者不再相信的东西。到底有什么用呢？生活毫无意义，做什么都一样……虚无主义远非在思考世界时持有的一种理论立场，更不是性格上的悲观，它首先是一种感受。

"上帝已死！"正如这句著名的话[1]，即使是终极价值观也会价值全无。这样的生活没有任何意义，在这样一种生存状态下，做什么都是一样的，**此时的虚无主义者就是一个灰心丧气、冷漠无情的人**。他陷入了感受单调的悖论，身处其中时，不再能感觉到激情生活所必需的任何情感变化。

作为一种个人感受，虚无主义也伴随着社会的沉沦颓废。此时的社会失去了方向，迷茫地望向黄昏笼罩的地平线，那些之前被关入存在千年的洞穴的偶像——同情、怜悯等——蒙蔽了它的双眼。人们任由自己被价值观催眠，打不起精神、疲惫万分，他们打起瞌睡，陷入深深的睡眠。我们的生活变成了一场几乎无法从中清醒的昏迷，就像山崩一样将我们卷席而去。"陷入山崩地裂，无法逃避现实……无论如何，风在吹"——佛莱迪·摩克瑞（Freddie Mercury）接过接力棒，他那首著名的《波西米亚狂想曲》（*Bohemian Rhapsody*）中就有这么几句歌词。

我们的社会（尼采当时说的是欧洲社会，但放到今天他肯定会明显扩大这个词指代的地理范围）乃至我们的整个文化环境，凭其内在逻辑吸引着我们，甚至诱惑我们坠入它的深渊。在预言家般的外表之下，尼采其实只是相当敏感的人，他敏感于推动我们向前的那股动力，敏感于使万物滑落的陡坡——包括上帝。我们不能就这样

---

[1] 如《快乐的科学》以及《查拉图斯特拉如是说》中都出现过这句话。——原注

停下来。我们的价值观就像肥皂泡，干净，也让我们陶醉。"毋庸置疑，人们会越来越'好'……"他讽刺地说。事实上，我们的道德观已经让我们难以消化，可我们却依然以它为食，甚至到了过分的地步：

> 如今是什么让我感到如此难以忍受？那个我无法独自应付的东西，那个会让我感到窒息、无力的东西，它是什么？糟糕的空气！糟糕的空气！我不能忍受的事，就是失败正在向我走来；就是我不得不去嗅闻某个失败灵魂的内脏！[1]

我们日复一日地吸入的那些瘴气围绕在虚无主义者的床边，无法驱除。他陷入延绵不断的疾病之中，饱受折磨，痛苦不堪。幸运的是，这幅画面描述的是消极的虚无主义。我们这位作者解释说，还有第二种类别，即积极的虚无主义。

突然有一天，人们意识到了些什么："我们生活的这个世界是非神圣、非道德、'非人性'的。"[2]我认为还有些回旋余地：我还是可以改变一些东西的。由此出现了一种反应，即对摆在面前的世界那种确定的状态说"不"，释放了对其他事物说"是"的可能性。仔细观察事物的本质时，我感到惊讶，并享受着做某事的乐趣。我意识到有些事自己还做不到，于是决心努力完成。我还能做得更好。某种形式的价值观再次出现，这一次，它彻底控制了我，让我变得更强，让我得到提升。虚无主义变成了精神力量增强的标志。

---

1 引自《道德的谱系》，第一章，第12节。——原注
2 我们刚刚离开了《道德的谱系》，来到了《快乐的科学》，本句引自该书第346节。——原注

这就是"积极虚无主义"的出现。在我面前,这片虚无与混沌中开辟出了一条道路,它们使创造——我自己的创造——成为可能。能够让我依靠的造物主已经不在,所以我会承担起自己的责任。[1]环顾四面八方,男男女女开始重建,于是便有了五光十色、包罗万象、风格各异、形式不同的建筑,恰如印度教寺庙建筑中的典型特色结构瞿布罗般,装饰丰富得叫人瞠目结舌。这新式虚无主义,一方面继承了消极虚无主义(可见该阶段无从避免),另一方面向未来敞开怀抱。尼采知道,自己正在讲述未来两个世纪内会发生的事。

此时此刻,宗教是虚无主义的,因为它的上帝是虚无,是堆砌,掩盖了它背后的东西:生命。这是一个壮美且令人绝望的反转,即存在和生命都被盖上了虚空的面纱。对外展示的价值观已经毫无价值。所以在《道德的谱系》中尼采才会说"我们对人类感到厌倦……"。不过,我们从这种厌倦中也能汲取到一种力量。

现在,你来到电影《搏击俱乐部》的开场(或结尾——因为影片始末的场景是一样的)。这部伟大的电影由大卫·芬奇(David Fincher)导演,结尾处加入了恰克·帕拉尼克(Chuck Palahniuk)的原著中本来没有的小妖精乐队(Pixies)的音乐。世界正在崩溃,我们那些最为光辉的幻象已然不再,在这废墟之上,我们有可能建立起一些完全不同的新东西。在等待悲剧降临的过程中,病人反而重新充满活力,而且似乎清醒得超乎寻常。**积极的虚无主义者清除了有毒的血液,准备重新造血,让自己重新振作起来。**为此,他将

---

[1] 在萨特和西蒙娜·德·波伏娃的存在主义中,也可以找到类似的观点(分别来自《存在主义是一种人道主义》和《模糊性的道德》)。这两位在阐述人类的责任时,都借用了陀思妥耶夫斯基的一个观点:"如果上帝不存在,那么一切都是被允许的。"尼采也是这位俄罗斯作家的狂热崇拜者。——原注

从生命本身中寻找榜样。为了他的康复，是时候让他创造一些全新的东西了。过往经历让他懂得了万物皆空——也就是说，事物既有价也无价，所以他知道，如果单单只是肯定，那么无论肯定的是什么，都是不够的。如果谈论的对象是某种病态的习惯，那么无论说"是"，还是说"否"，还是同时说"是"和"否"，其实都是一样的。对我们这位作者而言，从此以后，应当以不同的方式表达自己，应当去肯定自己。在构建这种变化的过程中，我们将不得不依靠意志。

不要让混沌吞噬自己!
　你的存在意义,
　由你自己背负。

➜ 像尼采一样思考

虚无主义代表着一种危机,是我们的存在以及我们所在的社会面临的最严重的危机。它影响着所有人,蔓延范围也越来越广,已经成为整个时代的特征。对此,主要责任并不在你。对这本无意义的事,无论你怎样想都无法改变任何东西。你要考虑的是如何走出危机。你会放任自流,还是会尽力摆脱危机,从此气定神闲、更加强大?作为一个现实主义者,对于时而吞噬你存在的意义上的缺失,尼采并没有让你刻意忽视。风暴最强时,似乎一切都将分崩离析,无可逆转,但在一切即将倾倒之际,你还可以坚持下去。在这场崩溃经历中,你会看得比以往更加透彻。你会发自内心地感觉到,这种混乱(意义缺失)并非湮灭(抹去存在),它会让你重建生活的念头燃得比以往任何时候都更猛烈。

个性化路线

如果你想要更加详细地了解疾病和挑战的益处，
↳ 请回到第8章：疾病与"发疯"

如果你想获得更多与肯定自我有关的信息，
↳ 请前往第32章：利己主义并非缺点

如果你想更加详细地了解如何建设未来，
↳ 请前往第26章：新一代贵族
↳ 或第34章：意志，强大的意志

25

成为孩子

我们认为,童话和游戏属于童年:我们这些目光短浅的人!这就像是在说,到了某个年龄段我们就不想再让生活中出现童话与游戏了!

——《人性的,太人性的》,
第二卷,第270节

并非只有艺术家（无论是阿波罗式的还是狄俄尼索斯式的）才是创造者，儿童也是。尼采写道（参见遗稿中1885—1886年的部分）："在此岸，能够成长并消亡，能够以纯真建造并毁灭的，只有艺术家的游戏和儿童的游戏。"《查拉图斯特拉如是说》中已经巧妙应用过这一想法。在序言之后，查拉图斯特拉开始讲话，他的第一场演讲关于精神的"三段变化"。他解释，"精神如何变为骆驼，骆驼如何变为狮子，最后狮子如何变为孩子"。

我们的精神已经学会了背负最沉重的负担。我们几乎自然而然地把自己当作了骆驼，任由自己被压垮。再也无法忍受的时候，我们回到自己身边，在孤独中，决定夺回自己的自由——我们的精神就是这样变成狮子的。我们用意志的行动代替责任的负担，然而，过去仍然沉重地压在我们身上，这就要靠狮子来摆脱。**当我们对自己的过去、对自己过去的样子说"不"时，狮子就会在我们心中咆哮。**这是一个激烈的过程。也许你要问，只做一头狮子不好吗？让查拉图斯特拉回答你吧：

> 不过，我的兄弟们，狮子都做不到的，孩子怎么能做得到？劫掠他人自由的狮子为什么还要变成一个孩子？
>
> 孩子是无罪的，他是遗忘，是新的开始，是游戏，是自转的轮子，是第一个动作，是神圣的"是"。
>
> 是的，我的兄弟们，为了这项创造的游戏，必须神圣地说"是"：此时，精神想要拥有自己的意志，失去世界的人想要赢得自己的世界。[1]

---

[1] 引自《查拉图斯特拉如是说》，第一部，"三段变化"。——原注

是的，我们这位智者将"童年"视为一个过程的结束。他提醒我们，价值观念崩塌之后，积极虚无主义者已随这段漫长往事老去，此时，他要做的，就是学习如何肯定自己、如何创造。就是尼采这个宣称我们必须成为自己的人，此时却教我们变成孩子，惊讶吗？以天真的方式创造，不受规范、道德的影响，这就是我们教育的目的。**这意味着尽情释放自己的天性**：不是自我的诞生，而是自我的重生。孩子身上保留着"永远燃烧的火"。

在创造自己的世界时，我们不必表现出羞耻感，这是弗洛伊德躲起来玩耍时给成年人贴上的标签。[1] 弗洛伊德认为，那些扮演的角色和想象自己扮演的角色不同的人，特别是成年人，都表现出了对现实生活的不适应、不满意。尼采认为（尽管我们有时会说弗洛伊德受到了尼采影响，但在这个问题上并非如此），游戏是创造的条件，即个人肯定自我的条件，它绝非避难所，更不是剥夺自我、与他人试图强加给我们的现实脱离关系的方式。因此，尼采一直强调儿童游戏与艺术家游戏的价值：现实是一种游戏，不是说它具有虚拟性（那就自相矛盾了），而是因为它轻盈、变化无常、奇妙无穷。游戏比"现实"更贴近生命。所以，让我们学会找出存在于生命的变化中的趣味之处吧。不要以游戏为耻，因为玩耍的正是生命本身，玩伴也并非只有我们。

---

[1] 弗洛伊德解释说，扮作艺术家（此时是指文学创作者）的时候，他只是在以一种不同的方式玩耍：他玩耍，但并不直说。此时，由于现实并不如他所愿，他会梦到西班牙的城堡，或者沉浸于童话故事。——原注

**不要埋藏自己身上
属于孩子的精神！**

→ **像尼采一样思考**

你是如何玩耍的？如果你有意在自己的生活中开辟出一片玩耍的空间，（尼采会说：你做得太对了！）你希望在那里找到什么呢？如果你停止这些游戏，又会失去什么呢？在你的成年生活中，有没有什么游戏是你永远不会放弃的？尼采告诉我们，在每一个游戏中，都存在创造。你是否会有这样的感觉：玩耍的时候，并不是在浪费时间，而像是在完成某件必要的事？也许，某些看起来只是很好玩的活动里，隐藏着你真正实现自我的机会。意识到这一点之后，除非游戏本身已经让你充分获得满足感，让你不再对他人的评价感兴趣，不然的话，你可能还是会想利用某些机会，根据社会期望（由你决定是否将这一点纳入自己的游戏中！）来认真肯定自己。请注意，这两个选项都是可以灵活调整的。

个性化路线

你还没有阅读过上一章吗?
或者,你觉得有必要重新读一下?

↳ **请回到第24章:虚无主义**

如果你觉得没有必要,请自然地前往下一章,
你正走在正确的方向上!

26

新一代贵族

我们,有着完全不同信仰的我们——在我们眼里民主运动不仅是一种腐朽的政治组织形式,还是一种腐朽的人类的形式——准确地说是一种萎缩形式,把人降格为工具,并贬低其价值:我们应该把希望寄托在哪里呢?只能寄托在新的哲学家身上。

——《善恶的彼岸》,
第五章:道德的自然史,第203节

又是一段不乏激进色彩的宣言！事实上，尼采明确拒绝任何头衔，那他为什么还要自称"新一代的贵族"（nouvel aristocrate）呢？

这位精通古希腊文的古典语文学家很清楚"aristocrate"这个词的含义：它由两部分构成，前半部分是最高级"aristos"，即"最好的"，后半部分是"kratos"，这个形容词包含了"力量""能力""权威"，甚至"权力"的含义。尽管表面上看，"哲学"并不等同于"民主"，但柏拉图已经梦想过一个贵族政府。当然，他所说的是一种特殊的贵族，理想代表是"哲学王"，他的力量（kratos）来自智慧。[1]

尼采对贵族的定义与公众的想法不同，下面的宣言便是明证："与今天所有自称为'贵族'的人相比，我的尊贵感堪比王侯——就算德国的年轻皇帝也不配给我当马车夫。"尼采这位贵族，既不是保皇派，也不是帝国主义者。他的高贵并不来自《哥达年鉴》，而在于高尚的情感。

在解释这种高贵性的时候，康德喜欢使用"笔直"这个比喻：人类是一块曲木，无法雕刻出任何笔直的事物。与他相比，尼采喜欢使用"距离"这个比喻。看起来他多半会站在海明威那一边："超越同胞并无任何高贵之处；真正的高贵在于超越以前的自己。"这里说的高贵定然建立在"距离感"的基础上，这种距离感推动个体向上求索。尼采自称贵族（尽管是新一代的贵族）时，既没有放弃权力概念，也没有放弃等级制度概念。在这样的制度下，"最优秀者"高于他人。作为贵族的尼采不仅意识到了他与他人之间的距离，还意识到了他与自己之间的距离。

---

[1] 康德后来指出，对人类而言，这是不可能完成的任务。这是因为，没有任何人是绝对理性的，所以可以肯定的是，在正义问题上，人们会倾向于让自己成为例外。——原注

在这方面，树敌（我们姑且称之为"竞争对手"）是件不足挂齿的小事，但应当精心挑选对手，即在自我实现的过程中与我们自己有一步之遥的那些人。"成为自己"，尼采总是这样说。可为了实现这一目标，就必须一点儿一点儿地超越自己。你有没有注意到，我们只把自己与和我们相似的人进行比较？我们需要距离来敦促自己变得更好，但过多的距离却会使自己难以向上攀登。尼采解释说，对那些给我们留下最深刻印象的人，我们会把他们称为"天才"，这样做就是为了让自己心态平和，告诉自己不要去与他们比较，否则我们就会意识到自己的渺小。

加大差距是进步的必要条件：确定距离，然后一步一步地迈近。对尼采所谓的贵族而言，个体之间的比较意识（很可能引发竞争）比从属于某一社会阶层更重要。**这种状态更像是一种"跨个人主义"，即每个人都与他人站在一起，会通过他人肯定自己、提升自己，而非反对他人、贬低他人。**战胜他人时并不贬损他人，超越对手时并不把他推到阴沟里，毕竟如果就剩自己一个人，赛跑还有什么意思？我们这位作者描绘的贵族很讲究**公平竞争**。这些竞争者绝非弱者，他们允许每一个个体尽其所能。

尼采的贵族口号看上去似乎既冷漠又愤世嫉俗，但其中毫无反动成分。也许，从文化角度看，我们还很年轻，无法理解这种全然一新的贵族形式。或者，我们只是错过了时机。尼采可能会说，我们不仅废除了贵族的称号，也彻底剥夺了让自己变得更好的机会。在他眼中，民主令人不安之处就在于此。他强烈反对任何形式的民粹主义、煽动群众、向下看齐——总之，他反对当今世界从古老民主理念中夺取的一切，因为这种情形会导致公民彻底无法实现个人进步，也无法真正实现自我。

尼采认为，贵族远离群体，拒绝羊群本能，这是一种能捍卫个体最优秀部分的方式，而不会把个体降格为天真个人主义的表达，这种表达在经济和社会领域中很容易体现。**首先，贵族不惧怕自己，敢于肯定自己，当然也敢于肯定一些与众不同的价值观。**贵族的动力，就在于他们和我们那最美好的未来。他们对权力意志有着更加敏锐的意识，毫不惧怕，也不拒绝，反而从中获得快乐，并全力以赴地捍卫它。在捍卫权力意志的过程中，日复一日，他们也在肯定自己。就算其他某些人不愿意，那又能怎样呢？

谦逊地捍卫自身优点吧！

→ **像尼采一样思考**

　　有时，你会觉得自己比另一个人更好？尼采认为，不要因为这种感觉产生负罪感，它的存在可能有一定合理性。你也知道，并非一切都是相等的，某些人就是能比他人做得更好，或者，在他人因实力不足而失败、因机会不足而放弃的情况下，他们却能实现自我。为了反对虚无主义，尼采给这种卓越感，即"贵族"，重新赋予了合理性。但这种新的贵族制度并不建立在家世或社会特权的基础上，它的本质是自由的，来自主体存在意义的自我实现。当然，前提条件是本人的确能克服影响自身发展的限制与阻力。捍卫自身优点并非"坏"事，对于这样的说法，你心中是否还会抵触呢？

个性化路线

在了解贵族的"复兴"之后,
如果你想继续了解利己主义的复兴,
↳ **请前往第32章:利己主义并非缺点**

27

永恒回归

就像是某个白天或晚上,正当你孤独至极的时候,恶魔偷偷溜了进来,并对你说:"你现在和过去的生活,你未来还要活它个无穷无尽次;不会出现什么新鲜事,每次痛苦、每次快乐、每次思考、每次叹息以及你生活中说不清的大大小小的事全都会重新回到你身上,而且所有的事都会遵循着同样的规矩和顺序去发生——那树间的蜘蛛和月光会回来,当下的场景和我这个恶魔也会回来。存在的永恒沙漏将会一次又一次地翻转——你也会跟着它一起翻转,你这粒沙堆中的小沙子!"

——《快乐的科学》,
第四卷,第341节

正如尼采想象的,如果有人为你"提供"这样的机会,你肯定会跌倒在地、咬牙切齿。从心理学角度来看,"永恒回归"的想法宛若白日惊雷。在各种哲学实验中,这无疑是最有说服力、存在主义结论最丰富的几种之一。它反映了生命永恒理论的不足之处:如果一切确实都会毫无变化地不停回归,那我们还会将永生视为馈赠吗?如果这种永恒是硬塞给我们、不容选择的,那我们会接受吗?如果没有一些基础选项的话,似乎永生也失去了任何价值。

永恒回归这种说法让我们重新回顾自己与死亡的关系。在我们这个秉承一神论的社会里,相信永生胜过死亡的不只是教徒,而是几乎所有人,无论出于什么原因。目前,许多超人类主义手段[1]已经不满足于仅仅延长人类健康预期寿命,甚至还去寻求纯粹彻底的长生不老。尼采问我们,如果无法感知时间的流逝,那我们将如何实现自身发展?

永恒回归提出的问题是,如果世界中没有了时间流逝的概念,那我们如何才能尽善尽美?如果我们与未来的自己之间不再有任何距离,二者之间也不再需要填补任何空白,那么我们如何才能实现自我?也就是说,我们如何才能"成为自己"(尼采所奉行的古训)?永恒回归这一想法超越了许多现代幻想——在未来几年里,这些幻想恐怕还会变得更加强势。肯定:与死亡做斗争能够消除其最令人无法接受的一面(意外事故、因病夭折、失去双亲的幼儿或不治之症……)。否定:永恒不是万能补救措施,如果把它当作存在的终极

---

1 通常而言,超人类主义是指主张利用科学技术,通过提升人类身体与精神能力来改善人类状况的运动。这场席卷全球的运动有着许多面孔,其中包括永生主义(通过某种方式获得永生)。它引发了许多伦理问题。——原注

目的，当作一个人能得到的最珍贵的礼物，那恐怕就太天真了。

永恒回归的理论承载了毫无自由的永生之迷思。如果你知道曾经发生的一切还会重演，如果你已经预见了未来、了解它的滋味与后果，如果明日对你已经毫无惊喜可言，那么你是否愿意再多活——比如，一百年（已经很长了，但与永恒相比依然是微不足道的）？你是不是更想选择不确定但未知的生活？或者，现在的你对未来太过恐惧，因此无法认真考虑这种可能性？

我们脑海中对永恒的描绘来自神话，当永远回归的理论驱走这些神话的时候，它也就将我们带回了当下，并再次指明了当下的重要性。你会感到自由，却不知道明天会是什么样。想象一下，如果明天**不再是**新的一天，当你醒来的时候，刚刚过去的一天还将**重演**。果真如此的话，你一定会希望在进入永生的前一晚得到事先通知！当然，没有什么能够摆脱单调。但你肯定会竭尽所能，让这永恒的一天变得更好一点儿，对吧？

归根结底，永恒回归的想法邀请我们通过认真考虑刚刚过去的一天很可能重演的这种情况，以此创造自己理想的一天。此外，你为理想之日做出的自由选择，很有可能变成自己的日常习惯。在你的生活中，是否有一些你不喜欢，却不断重复的事情？就算没那么多限制因素，你仍然不断重复着，以至于让那些事变成了自己的习惯？也许，你可以将创造理想的一天当作第一步，继续创造理想的一生：思考一下，在什么样的条件下，你才会在生命的最后思考过去的一切，并带着成就感安然平静地离开？

**每天给自己
留点儿属于自己的时间!**
养成习惯,想象一下,
如果刚刚过去的一天还会重演,
你会感觉如何。

➜ 像尼采一样思考

你一定有一些习惯。在这些习惯中，有些是你喜欢的（你会毫不犹豫地常做同一道菜，完全只是因为你喜欢它），有些则是你讨厌的。尝试分辨你的主要习惯属于哪一类，然后再去细想，从根本上说，你为什么需要这些习惯？你能否永远保持这些习惯？或者，除了通过这些习惯之外，你还有其他途径实现你的目标吗？永恒回归的说法本身相当沉重，因此可以帮助你摆脱坏习惯，让你有意愿去培养其他坏处较少、更加健康的习惯，有利于你实现自我，走向更好的未来。

个性化路线

与过去决裂的想法让你有些不安？
↳ 请回到第20章：遗忘绝非缺陷

28

化疲惫为动力

"唉![……]没错,我们已经对死亡过于厌倦了;现在我们还醒着,还活得好好的——在墓室里活!——"查拉图斯特拉听到一个预言者这样说;这句预言直击他的心脏,彻底改变了他。

——《查拉图斯特拉如是说》,
第二部,"预言者"

拒绝一成不变，避免习惯，远离群体，创造属于自己的价值观，以对抗缠上自己的虚无主义，像孩子一样一直玩到精疲力竭……尼采是激进的，这种激进有时也会让他感到疲惫。

当然，我们也是，我们也会感到疲惫。身体上的疲惫和心理上的疲惫有一个共同点：当它们侵入我们的时候，就算是通常会让我们感到兴奋的事物，也会激起我们的倦怠感，甚至是排斥感。我们会更加敏锐地感受到日常生活的单调，心中不再那么翘首期盼，内心的孩子也不再作声。"这股力量到底有什么用？"我们有时会责备自己。极为疲惫的我们对任何事情都失去了兴致，甚至都不想做些什么来摆脱这种状况。

这种危机令人痛苦、令人恐惧，让我们迷失自我，感受到深刻的毁灭感。由此导致的失控可能造成可怕后果。在尼采看来，"巨大的疲劳感"意味着我们对自己存在的严重贬低，意味着对世界的厌恶。

在我们这位作者的帮助下，尝试准确地感知让你疲惫、让你不愿再次重温的那些东西吧。这种无处不在的厌倦感很可能会推动你重塑自己无法忽略的一部分，因此，你的疲劳也许会带给你一个机会，让你想象自己的重生。

百无聊赖的时候，你躺在床上，没有选择，只能休息。即使你并没有发觉，你的心灵也会自我修复。醒来的时候，你的心中重新涌出一股能量，现在，你更加清楚要用它来做些什么。**全面绽放自我、实现人生潜能的愿望推动着你前进**。当然，在实践中，摆脱令人疲倦的情况可不容易。陷入可怕习惯而无法脱身，疲于应对日常生活，被早已变得难以忍受的重担压倒，那么此时的你，不要再被动忍受这种情况了。是时候了，再一次咬紧牙关，结束早已开始的工作，在心里默默地构建计划，重新开始日常生活吧。

要知道，为了做到这一点，尼采可不仅仅是激进而已。他的人性体现在自己深刻而复杂的思想中，他关注日常生活中的真正约束，能够引导我们走上切实可行的道路，远离任何形式的乌托邦。

利用疲劳时刻，更好地了解自己！

➜ **像尼采一样思考**

疲惫是不可避免的。你体验过多种完全不同的疲惫形式，而想把它们全都统一概括起来是错误的。虽然心理和身体的疲惫会导致行为上同样的无力与倦怠感，但是如果你能准确描绘出疲惫的"模样"，就可以重新获得动力。矛盾的是，这种状态让你尽可能地观察自己的感受，找到直接导致你这种状态的原因。这项"心理垃圾分类"工作能够帮你更加轻松地回收自己的能量，紧紧抓住激励自己前进的动力。

个性化路线

你觉得你的疲惫可以帮你找到让你受苦

（包括生病）的原因？

↳ **请回到第6章：每个人都是自己最好的医生**

你认为自己有可能从混乱局面中理出头绪？

↳ **请思考第24章：虚无主义**

第四部分

尼采这个人

29

优秀的欧洲人

我们[……]不愿参与那虚假的种族自信，不愿意参与那恶心的事，可在如今的德国，这种事已经被当作德意志信念的标志，被当众展示，对"有历史感"的民族来说，这真是件加倍虚假、加倍不当的事。一句话，我们是——这当是我们的诺言！——优秀的欧洲人，是欧洲的继承人。

——《快乐的科学》，第五卷，第377节

有一种顽固的观点认为，尼采是持民族主义观点的思想家。必须说，他的妹妹[1]是个反犹太主义者。在哥哥患病的漫长岁月里，她愤世嫉俗地篡改了他的作品，因此让尼采落得这种名声，所以认为尼采持民族主义观点的想法是非常错误的。

　　说到民族主义，恐怕当时再也找不到哪个德国思想家比尼采还排斥"德意志人"的身份了。尼采曾在瑞士工作，还经常在欧洲旅行，他远远地观望着德国人，眼神严厉。他甚至提议将"德意志"一词当作"精神堕落"的国际通用指代词！我们应当提防那些所谓的真理，它们不过是文化熏陶的幌子而已，当太多人持有同样观点的时候，就已经容不下任何置疑的声音。因此，尼采对康德的循规蹈矩表示怀疑。康德为成为世界主义者的必要性热情辩护，也就是说，他先时代一步，认为有必要成为优秀的欧洲人，却没有意识到他的德意志人身份的不良影响。在尼采的作品中，有许多段落都对德意志精神进行了严厉批评。

> 我的读者和听众通常是俄国人、斯堪的纳维亚人和法国人。[……]德国人[……]盛产这种"无意识的"骗子（这个称呼适用于费希特、谢林、叔本华、黑格尔和施莱尔马赫，也适用于康德和莱布尼茨，他们不过是一些面纱制造者）。[……]"德国精神"对我来说就是污浊的空气。[2]

1　她嫁给了臭名昭著的反犹太主义者伯恩哈德·福斯特（Bernhard Förster），还与他以及其他几个家庭前往巴拉圭，共同建立了一个殖民地，即新日耳曼尼亚，用于接待雅利安人种。——原注
2　引自《瞧，这个人》，"瓦格纳事件"，第3节。——译者注

那个时代[1]倾向于宣扬民族主义和严格的爱国主义，因此，能够说出这样的话并不是一件容易的事。虽然我们这位作者有时也会赞美其他国家（例如，尼采非常明确地表示喜欢法国），但他把自己描述为一个"优秀的欧洲人"，而不是德国人。最重要的是，他培养出一种超国家主义、无国家主义的视角，一种超越了个性特质与地方主义的视角，他允许自己在必要时从周遭各处捡拾好与坏。

对于价值观，尼采持有深刻且激进的批判视角，他不赞成将好或坏限制在僵化不变的门类标签里。优秀的欧洲人只是一个人，他/她的身份认同不在于某个国家，因此比别人更加了解每个国家的逻辑，并拒绝认同任何一个整体——即便是欧洲，仍然会和亚洲或美洲相对。

对尼采而言，欧洲并非地理或政治概念，也不像康德思想中那样是个联合概念。对我们这位作者而言，欧洲是众多价值观翻江倒海、跃跃欲试的场所，这些价值观沉淀、分裂、迸发，有诞生出自我肯定的终极形式的潜力。此时，面对真理、科学、宗教领域那些极富欧洲特色的经典对立——真与假、善与恶、利己主义与利他主义，每个欧洲人都能看出其中的故步自封、盲目与软弱。同时，每个人都能更加深刻地理解到自己的本质，以及是什么让自身与他人之间出现联系或分割。

---

[1] 需要指出，此处所说的是19世纪80—90年代。——原注

与其为不同文化赋予统一标准，
不如利用其多样性
来培养个人视角！

→ 像尼采一样思考

你如何看待社会、文化团体与经济组织的共存？你可能会注意到，尼采的态度是模棱两可的：一方面，他赞扬某些文化群体相比于其他群体的优点；另一方面，他的视角又处于特殊主义之上，似乎他自己也成了被他谴责的倾向的受害者。我们这位作者的立场暴露出一个棘手问题：在看待其他文化群体时，在多大程度上能避免从我们所在群体的视角出发（接近于所谓的"种族中心主义"[1]）呢？相反地，是否应该认为所有文化的展现形式都是平等的（所谓的"文化相对主义"[2]）呢？面对选择，我们不得不质疑自己的分裂倾向。例如，我们不同意西班牙斗牛、法罗群岛捕杀领航鲸，却拒绝以同样的目光看待"我们的"法国传统，拒绝将传统的肥肝生产工业视为同样野蛮的行为。尼采也曾谴责他所谓的"漫不经心的残忍"[3]。我们应该意识到文化的个性特征，包括其中理应被质疑的部分，包括其中属于我们的部分，即使这代表着彼此之间的差异是我们需要共同面对的问题。尼采这个"优秀的欧洲人"敦促我们展露毫不妥协的人文主义。

---

[1] 种族中心主义是指在感知和判断其他文化群体时，倾向于从自己所属的文化群体出发，并以其作为规范准则。——原注
[2] 文化相对主义是指在看待文化表象、判断和价值取向时，并不为其赋予绝对属性，而完全将其视为特定文化的相对属性。因此，文化相对主义者不赞同能够被所有人认可的绝对标准（尤其是道德标准）。——原注
[3] 引自《人性的，太人性的》，第二卷，"漫游者和他的影子"，第57节。——原注

个性化路线

你想重新了解二元价值观？
↳ 请回到第24章：虚无主义

借助他人肯定自己，而不是反对他人，
你认为这带着些乌托邦色彩？
↳ 请前往第32章：利己主义并非缺点

30

培育与驯服

通过我们对待动物的方式,可以看出道德的形成过程。不存在利害关系的时候,我们会有一种完全不用承担任何责任的感觉;我们会杀死(它们)、伤害(它们)。[……]如果它们有用,我们就会利用它们:越来越精明的我们明白,可以换一种方式来对待某些动物,准确地说,可以照顾它们、繁育它们,这样可以获得更大的收益。从那时起才形成了责任感。

——《人性的,太人性的》,
第二卷,"漫游者和他的影子",第57节

尼采对人类的描绘之所以如此现实,是因为基于自然主义和生理学的观察。他将人类教育与动物培育相比较,由此可以看出他非常关注每个人发展的物质环境。

在多部作品中,尼采多次谈及人这种奇怪的动物,但还是在《道德的谱系》里谈论得最多。在思考"人这种动物"的教育时,尼采使用了"培育"这个比喻,以此提醒"文化人",他们的那些文化表象来自何方。这些文化人有一种恼人的倾向,他们会忘记自己走过的路,忘记距离,因此在虚幻中远离自己的本能根基。

尽管"培育"这个词似乎有点儿贬义,甚至有些暴力(虽然我们也经常会说父母**培育**自己的孩子),但尼采严格区分了"培育"与"驯服"两种说法。驯服野生动物时,目的是遏制它的本能,把它的本能压得越深越好,最好能让它们彻底无法察觉自己的本能。驯服动物时,我们拿走了它的一部分动物性,而这正是它身份的组成部分,决定了它存在的丰富程度,是它具有独特性的部分原因。尼采思考了道德观念**驯服**人类的方式,也由此解释了它是如何削弱我们的。因此,道德观念总是与惩罚、处分、责备有关。

即使是经常被尼采批评的康德,也承认文明并没有让我们变得更好,而是引导我们去发展外在、表象、伪装。在这些虚张声势行为的反面,则是为了实现名副其实的人类文化而长期进行的内在修炼。正是在谈到驯服的时候,尼采提出,避免道德虚伪意味着不以崇高的幌子(道德、更高尚的人性、精神性)来装扮我们行为的某些方面,因为它们不过是人类倾向的衰退和削弱而已:"道德化的人不是'更好'的人,只是被削弱的人,一个从根本上被削弱和破坏的人。"[1]

---

[1] 引自《尼采遗稿》,1885—1888年,第15组,第55节。——译者注

尽管尼采所谓的"培育"与"驯服"有关，却具备后者没有的解放属性。我们培育土地，从中获得最佳收益（有些情况，如永续农业，则是在尊重自然秩序的过程中实现的），同理，对人类的培育过程也并不意味着对我们内在本性的另一部分施暴。这种培育过程与我们最深层的本性完美契合，能够以既新颖又健康的方式引导我们的本性展现出来。

为了实现这一目标，尼采给哲学家分配了一个相当重要的角色，也通过哲学将教育置于重要位置。哲学教导我们**如何自我肯定，避免反抗行为。它教导我们对自己说"是"，避免对自己说"不"**。它教导我们积极地建设自己，但绝不通过否认他人的方式来做到这一点。做自己，但不抹杀群体，意味着在社群中自由发挥自身个性。维护多样性，维护每个人的独特性，或者至少维护不同团体的特殊性，这是一种新颖的思维方式，将文化社群视为负责、自由的世界性共同体，摆脱了对每个人都有害的对立简化。

谨防大规模培育，以提升个人为目标！

> **像尼采一样思考**

教育的问题在于它先于我们而存在。我们刚刚开始产生意识的时候,并不像是在一张白纸上画画。我们对周围环境的意识,来自培育我们的那些表象。辨别他人的教育与自身习得的事物恐怕是一个相当令人烦心的过程。与其系统性地拒绝从外部获得的一切表象,不如尝试从其中认识自己:出现在你眼前的人,是否与你在内心深处感受到的那个自我相吻合?那些曾经发挥作用,但对你如今的培育有害的限制性表象,也可以通过这种比较的方式辨别出来。应该受到培育的不是过去的你,而是你未来想要成为的自己。

个性化路线

你更想自我培育,不愿被他人驯服吗?

↳ 那么请回到第13章:自由精神

31

追求精神

"显得很有精神的人"——他这个追求精神的人,完全没有精神。

——《人性的,太人性的》,
第一卷,"独处的人",第547节

追求精神，说明还没有精神！对我们所谓的"精神"，即我们认为独立于物质、无法归结于物质生活条件的一切表象，尼采的人性使他给出了一种非常特殊的理解方式。尼采向我们展示的生命如此丰富多彩、变化多端，它衍生出不同的层次。这么看来，精神很可能会让我们远离自己……

如果我们审视自己内心的某些元素，就会意识到，即使是某种看似简单的感觉，背后也总是有着复杂的情感与冲动体系，在主导特征之外还伴随着许多其他成分，虽然这些成分只占少数，但的确存在。就像海水里有包括金在内的几十种化学元素，人类个体也是如此，**每个人都有温良、崇高的一面，也有糟糕至极的一面**。尼采说的追求精神的过程，是指努力意识到自身情感和冲动的发展方式，是每个人都试图用自己的方式开辟一条路，摆脱那片原始的汹涌海面。

这条精神之路便是我们的诠释。这条路定义了我们在这个世界上的位置，也就是说，我们从本性的锚点观察世界的视角。尼采说的这种非精神本性，并不是一个符合固定法则的有序整体：它是永恒不断的翻涌，是朝无数方向发展的动力，就像击碎玻璃后涌进室内的浪潮。反过来，每一种精神状态、每一种价值观，都意味着一定程度上对变化的抵触，但这种僵化并不符合现实世界的永久变化法则。

在尼采看来，追求精神并非简单的上升过程，而是在这种驱动力中意识到我们与地面之间的距离，确定自己的锚点。这是些无形的、需要如考古般慢慢挖掘的层次，我们自己的表象和价值观形成并沉淀下来，自然地成为其中的组成部分。我们的价值观表面光鲜，可背后有没有隐藏着其他基本元素？两者有时相近、有时相反，就像调色板上出现的那些令人惊叹的颜色一样。

那么，如果按照尼采描述的追求精神的方法去做，我们就会发现，对立的性格中往往隐藏着互补倾向。在这个过程中，我们将不再受到过于片面的表象的干扰，这些表象可能来自宗教灵修、哲学思辨或政治信仰——三种不同的方式却会让我们陷入相同的幻象。我们应当警惕一切自诩"唯一有效"的道德观念、真理或意识形态。对此，尼采解释说："道德只是对某些现象的解释，准确地说，是一种错误解释。"[1] 或者说是"一种情感的具象语言"。

历史和文化的多样性非常清楚地告诉我们，道德观念并非只有一种，而是有许多种。也就是说，有许多占据主导地位的价值观以习惯的形式展现，其主导地位达到一定程度时，就会想要把自己当作唯一可能的习惯。

1　引自《偶像的黄昏》。——译者注

不要践行脱离肉体的精神,

把你的精神
锁定在你的身体里!

→ 像尼采一样思考

19世纪末,精神以对禁欲主义和排斥肉体的崇拜为表现形式。根据尼采的说法,这些形式起源于苏格拉底的形象。无论你的信仰是什么,你是否能接受这样的观点呢:你在精神方面的价值观(无论来自你的经历,还是来自你作为个体的组成部分)能够体现在你的情感生活中?"你的价值观是在你本人的成长过程中形成的",这一事实会不会改变你对这些价值观的看法?在这种情况下,对比精神方面(尤其是道德观念)不同体系的表现,可以帮助你不那么排斥那些不属于你的价值观,也能帮助你更好地理解自己与其他和自己相似的人(与你有着同样价值观的人)之间的关系是如何建立的。

个性化路线

你还记得"解释"的局限性是怎样的吗?
↳ **不记得了?那么请回到第18章:历史并非单一真理**

你不确定如何理解这种有关精神的新诠释?
　　↳ **不要灰心,请回到第24章:虚无主义**
↳ **或者坚定你自己的价值观,请阅读第26章:新一代贵族**

32

利己主义并非缺点

我们不了解自己,我们这些想要了解世界的人,却连自己都不了解:这是有原因的。我们从来没有寻找过自己——所以怎么可能某天就找到自己了呢?

——《道德的谱系》,前言,第1节

做自己？还是装成自己？

"我"，或"自我"，即拉丁文中的"ego"。作为第一人称代词，"自我"即"我的行为""我的思想"的主体，即构成"我的主体性"的参照点。自我绝非缺点，这与利己主义这个标签中的指责相反。真正的问题在于，我们作为自己，却并不了解自己，也不存在于自己面前。

我们生活在自我遗忘之中，这一点可能令人惊讶。然而，**尼采解释说，我们中的一些人做出了选择，决定不去做真正的自己。他们不真正地展露自己，而是在作秀，甚至表里不一。**他感到遗憾的是，今天的我们：

> 绝大多数人，无论他们如何思考、谈论自己的"自私自利"，但终其一生，他们都没为自己做过什么，他们的所作所为只是为了自我的幻象，而这个幻象，则是周围的人在头脑中想象出来，之后传递给他们的。[1]

面对如今这个在社交网络上构建"自我"人设的时代，这段话更加振聋发聩。尼采多半会说，我们打着"让大家了解每个个体的生活"的旗号，上演了毫无私密特征的戏码，这事难道不奇怪吗？这个出现在网络上的"自我"，会根据流行趋势变化，从逻辑上讲，它变得越来越没有个性，到最后变得说它是谁都可以。每一个自我的轮廓都模糊不清地融进了背景布中，它们不再有独特性，随时可以被重新利用，尼采认为这是一种虚构，是一片处处相同的迷雾。

那些在使用社交媒体时不那么天真的人会说，他们很清楚，自己

---

[1] 引自《朝霞》，第二卷，第105节。——译者注

真实的内心世界与他们给出的表象之间存在着根本差别。在尼采看来，他们的错明显不在于自私自利，而在于放弃自我，让自己失去了独特性，失去了**真**，也就是失去了面对世界的全部特质和自己看待世界的独特视角。但是，我们这位作者一定会问，有多少社交软件账户能够让我们真正地了解这个世界呢？又有多少图像实际上无法被其他成千上万的图像取代呢？更深刻的是，在展示自己的时候，如何才能不迷失在大众意见之中？如何才能避免通过他人对我们的评价来观察自己，造成自己与自己的脱节，并剥夺我们与内在自我之间的那种亲密的特权关系？

在利己主义与利他主义之外

我们要清楚认识到一点：利己主义并非缺点！尽管我们通常会在某种良知的驱使下去谴责利己主义行为，但尼采提醒我们注意一个事实：这种谴责不可避免地伴随着另一种肯定态度，即赞美、歌颂利他主义者，也就是那个被"邻人之爱"感动的人，那个完全不为自己着想、一切全为他人的人（这种描述恐怕会让人想起基督的形象）。如果你觉得其中的矛盾还不够明显，那我们这位作者还能说得再直白些：如果他人的自我与我们的自我相去甚远，我们无法从根本上对其认同，那又怎么可能去帮助他？既然认同他人的自我是利他主义的前提条件，那以利他主义的名义去谴责利己主义真可谓荒谬至极！

为什么别人的自我，仅凭"属于别人"这一点，就能从原则上优先于我的自我？我们应该为做自己而道歉吗？正因为我出生了，因为我一天天、一点儿一点儿地越来越像自己本来的模样，就该穷尽一生来赎罪吗？事物只是呈现出它们原本的面貌，一点儿不多，一点儿不少,这并不是过错。更不用说还有这种根本说不通的逻辑:既发誓不关注自己,又承认别人是我的"同类",也就是说,在不知道自己是谁的时候,还声称另一个不认识的人与自己相同。

尼采消除了利己主义与利他主义之间的误解,邀请我们以新的视角看待社会生活的背景,甚至看待我们对本性的干预。在认识自我的同时,我们能不能下决心不去伤害别人的自我或其他任何形式的他者(人类之外的其他生命形式,因为有生命,所以也有权力意志)?他还分析了利己主义被人责备的根本原因:单从其本身来说,"利己主义[……]可能是卑鄙可耻的"。利己主义者为了加强自己的权力,可能会利用他人的资源,以不利于他人的方式维护自己。那么,有没有在不反对他人的条件下肯定自己的方法?

想要自我?

"一旦我们对某个转瞬即逝的时刻说'是',我们就不单单是在对自己说'是',而是在对整个存在说'是'。原因在于,无论是我们自己,还是世间万物,没有任何东西是独立的。"[1]现在,我们应当避免如此二元论的看法,也不能再紧盯着自我,我们需要使用更加广阔的视角。

关于这个话题,我们这位作者最后说,看到了"自我"的局限性的人,会察觉到它只是个方便但不恰当的词。意识到"自我的"表象、行为或品质组成了一个相对不透明的交汇点,更好地理解什么是既不善也不恶、什么是既不真也不假,从而在简单的意志中肯定自己。自我肯定并非承诺,而是行动。

---

1 引自尼采遗稿,1887年,第7组,第38节。——译者注

驱走那些
掩盖眼前现实的
自我幻影！

→ 像尼采一样思考

暂时抛开类别、标签、夸张手法，你是否能够看出每个人身上的一些特质？即便是那些拥有伟大灵魂的人也有不同的特质。尼采写道："复仇之中也有同样程度的利己主义，但这是另一种性质的利己主义。"在某种程度上，这并不体现在对抗中，而体现在肯定中，"也许正是在最高贵的地方，利己主义的凝聚力才是最强大的"。跟随尼采，不要拒绝做一个利己主义者，反而要真正去做个利己的人。那么，请选择你想要的利己方式，是要求他人（弱者的利己主义），还是只肯定自己（高尚的利己主义）？让我们有勇气承认："我们内心深处，有些东西想要活，想要肯定自己，这东西，也许我们还不知道，还看不见！"[1]

1　引自《快乐的科学》，第四卷，第307节。——译者注

个性化路线

如果你认为自我终归是关于自己的历史,
是历史中的一个篇章,
↳ 那么请回到第18章:历史并非单一真理

如果你认为自我是对权力意志的一种诠释,
↳ 请前往第34章:意志,强大的意志

33

命运之爱

人类的伟大之处便在于热爱命运：人们不希望任何事物有所变更，无论是在他之前还是在他之后，抑或是在漫无止境的时间里。必然之物不仅要被产生出来，而且绝不能被隐藏。[……]但它也同样值得热爱。

——《瞧，这个人》，
"我为何如此聪明"，第10节

在哲学中，宿命论是指"认为发生之事均不可避免"。宿命论者绝不认为一切皆偶然，他们相信一切都事出有因，所以每件事都有某种意义。我们可以参照斯多葛学派的做法，提倡非悲观宿命论，相信生命中存在一种超越我们自身、无法被我们理解的理性。就像有人说的，上帝之道无法参透。

尼采的宿命论则是乐观的，也与宗教无关。我们这位哲学家给这种宿命论起了一个名字叫"amor fati"，即"命运之爱"。这是一种高尚意义上的无邪之爱，它接受事物本来的面貌，不会按照长久沉淀下来的道德观念对事物进行评判，更把基督教对世界在道德上的教化放在一边。

这种宿命论并非逃避现实，它不会宣称在其他地方存在更有尊严的秩序，让人们寻求庇护。这种宿命论只会**坦诚、切实地对生命说"是"，因事物本来的样子而感到欣喜，并顺应事物自然的发展规律**。简而言之，这是一种哲学意义上的放弃，在事物内在生成的过程中顺应其运行规律，排除对超然属性（尤其是神性）存在的假设。这种宿命论背后没有隐藏的世界，只是张扬地面对生命。也许，这就是对生命真诚的热爱？

尼采的宿命论有别于天真的乐观主义。面对性格的阴暗面，宿命论邀请我们寻找其可取之处，而谱系学则邀请我们领悟其存在理由。这有些像古希腊人的做法，他们懂得如何观察人类的悲剧，甚至将人类那些最可怜的特质搬进剧院，夸大到极致，而不是把它们藏在被伪装成善于思考的虚假面纱下。

学会爱上这个想法：事物可以保留它们"本来的样子"！

➜ 像尼采一样思考

　　人们经常吹嘘适时放弃的优点，但你也知道，我们没办法依赖超越自己本身、自己无法理解的东西，这种做法会给我们带来可怕的痛苦。不要把宿命论当作对现实的放弃，在尼采的帮助下，你可以把它当成你的意志与周围世界的结合。与其贬低现实，不如允许自己真正看一看它。你的所见所闻真的令你无法忍受吗？我们一定能从正视现实中获益。去接受现实，然后，想办法改变现实吧。

个性化路线

如果你把"命运之爱"看作重新诠释世界的邀请,
↳ **请阅读第16章:没有事实,只有阐释**

如果你认为宿命论有助于我们接受自身特质,
↳ **请回到第22章:羊群心态是一种社会疾病**

34

意志，强大的意志

哲学家们经常谈论意志，似乎意志是全世界最著名的事物[……]。在我看来，"意图"首先是一件复杂的事，只有在用词汇表达的时候它才具有统一性。

——《善恶的彼岸》，

第一章：哲学家的偏见，第19节

你现在知道一个词可以涵盖多少内容了,包括"我"这个词,它从来都不是单指"我",不是一条生命,也不是单指一个单一的存在,**而是众多冲动、倾向、情感的集合体,这些因素只有在"我"这个词中才是统一的。**"尼采"是一座剧院的名字,在这座剧院里,每个人只能选择一个座位。正如我们这位作者在1888年7月29日的一封信里说的:"带着'一剂'好奇心,就像站在外国植物面前一样,带着戏谑的抵抗,我觉得这似乎是一种无比聪明的接近我的方式。"

在哲学上,尼采对笛卡尔的态度相当严厉,因为笛卡尔用尽全力、旗帜鲜明地主张"我"之常在性:他认为"我"是一个思考的主体,更糟的是,是一种"实体"。尼采并没有责备他缺乏严肃性,而是仔细措辞,说笛卡尔"浅薄"[1]。尼采解释说,准确地说是"它在思考",而不是"我在思考",一切都发生在比"我"这个表面更深的层面上。

尼采解释说,我们并非"我们",我们也不是"单一的"。在"我们"身上有成千上万的事物在思考。其实不是事物,是冲动、情感、本能、诠释、价值观……这些元素在我们身上有成千上万,可没有什么能告诉我们除此以外还有没有其他的,这些元素中也没有任何一个可以被称为"我"。对此,康德表现出了更加谨慎的态度。在《纯粹理性批判》最难懂的一段中,他把"我"看作"伴随着我的全部表象的载体",即一个参照点,它本身是空的,没有任何延伸。"我"不是冲动、事件、情绪的仓库,但除了活着之外,"我"再无其他。"我是""我想要",我们已经习惯了这样的表述,其实只

---

[1] 引自《善恶的彼岸》,第五章,第191节。——原注

是因为这样说起来很顺口,但现在,该去仔细思考"我"到底是什么了:

> 意志不再推动任何事物,于是它也不再解释任何事物——它只是伴随一件件的事的过程而已。[1]

尼采对自由意志的批判很尖锐。之所以把尼采称为探索自由的思想家,是因为他对自由的表象做出了大量批判。他毫不犹豫地将"对自由的渴望"贬低为"最高的形而上理性,不幸的是,它一直都在统治那些一知半解者的头脑"[2]。意志之所以存在,是因为它不属于我们:"我将不厌其烦地指出这些迷信者不愿意承认的一件小事——思想在'它'想来的时候来,而不是在'我'想要的时候来。"[3]

对尼采来说,个人意志只是依附于情感土壤的表象而已。它只反映了自由意志的必然表现:我们会说"我想要这么做",却没有看到这表象得以扎根的情感与冲动。

在我内心有一些东西比"我"更丰富,比"我"更强大。既然我已经拥有生命,那我怎么可能除了生命别无他求?生命并非简单的生存,它总是渴求更多:它想要的比"我"想要的更多,也就是说,它想要的超出了我当下的自己。你是什么,就成为什么,尼采经常这么说。

为什么我们对自己如此重要?为什么我们把自己的自由和意志

---

[1] 引自《偶像的黄昏》,"四大谬误",第3节。——原注
[2] 引自《善恶的彼岸》,第一章,第21节。——原注
[3] 引自《善恶的彼岸》,第一章,第17节。——原注

看得如此珍贵？尼采解释说，因为无论是我个人，还是我的自由和意志，它们都不是与生俱来的，都是需要自己去争取的。走出群体，开辟出一条路，只属于自己的路。成为自己，获得自由，真正去"想要"。尼采哲学邀请我们参与这场冒险，但并不自认能够取代我们为之付出的努力。我们需要去感受、拓宽、渴求个人生活。在这条路上，诠释代表对环境的占有，包括生物意义上的占有。因此，我们的疾病也是一种诠释，是我们作为个体在自我实现过程中的一个步骤。

最后，我们必须认识到，必然会有无数条道路。我们应当挑战"普世"这个神话，这是因为，成为所有人，就意味着我们不会是任何人。但这并不是说所有的道路都具有同等价值，而只是说我们的冒险旅程只属于我们自己，而且是无法替代的。所以，在这本书中，**你会发现尼采从来没有主张任何符合普世性概念的认识**。必要时，我们这位作者会告诉你，"认识"并不能教给我们什么，而且也没有什么值得说的，这些事情不是每个人都已经认识到的，就是大家都经历过的。

独自一人承担起对自己的责任——这就是尼采的自由倾向于接近的理念。当然，他需要很强大的意志来坚守自己的存在，并提出如此有力的观点。这确实涉及自己的意愿，但意愿的展现形式与我们之前想过的任何一种都不同。让我们欢迎意志的到来：

> 你们这些最智慧的人，这就是你们的全部意志，它就是权力意志；当你们在谈论善恶、谈论价值评估的时候也是如此。[……]

你们把你们的意志以及你们的价值放在生成之河上。[……]

你们这些最智慧的人，构成危险的、构成善恶终结的并不是这河流：而是那意志本身，那权力意志——无穷无尽、生生不息的生命意志。[1]

---

[1] 引自《查拉图斯特拉如是说》，第二部，"超越自己"。——原注

无论你是否想要
肯定自己，
生命的意志都会展现
它的力量！

➜ 像尼采一样思考

在尼采眼中意志有着这样的地位，说明人们对它有着一种难以摆脱的可怕幻觉。我们理所当然地把自己当作一个主体，也就是说，把自己当作一个出发点，认为自己能够做出自由、自愿的判断和行动。可尼采不认为我们是自由的，还坚信他这样想根本没什么好奇怪的。于是，他鼓励放弃，还给出了一个强有力的哲学理由：放弃个人意志的想法绝非放弃现实，而是与生命的结合、与生命的交流。在尼采看来，放弃是一张邀请函，让人们与"自己"断开联系，让人们退后一步，用更广阔的视角重新观察自己。是生命本身在借助我们肯定自己。不过，如果你觉得自己似乎不可能放弃对个人意志的信仰，那也请记住，你的意志总是会超越你的自身：它是生命发展的产物，你不能控制其中所有的参数，而且你也只能看到生命中极其有限的一小部分。请沿着你的路继续走下去，直到有一天，和我们这位哲学家一样，你也会突然察觉当下所处的情况就是某种机遇。权力意志是对生命的呼唤。

个性化路线

  在许多研究尼采的评论家眼中,"权力意志"是他作品的关键所在。无论权力意志能否支撑起他的整个思想体系,至少,它是本书介绍的主要话题的切入点。根据你刚刚获得的知识,重读那些最吸引你的内容吧。如果你获得了新的感悟,请不要惊讶,这说明你越来越善于发现了!

结语

阅读总结

我们来到了旅程的终点。我想请你谈谈自己的体验，你是按书中内容逐页阅读的，还是选择了个性化路线？你参照了每章给出的路线建议，还是只凭自己的想法阅读？你参与这项哲学试验的方式已经相当清晰地表明了你的态度，可能你想更好地理解尼采，也可能你想借助尼采更好地理解你自己。

本书探讨的这些话题其实也是想说明这样一个观点：你不必做出选择，你既可以向尼采鞠躬以示敬意，尝试把握其思想的独特之处，也可以利用、转移尼采的思想，使之为你服务。这两个方案之间的联系便是"存在"。尼采是探索存在的思想家，因此，阅读他的作品也会让你对自身存在产生新的认识。相反，已经对自身存在有着强烈意识的人，很可能会更想尽量接近尼采想留给我们的东西。

一步一步走来，现在，你会乐于看见**自身意识的成长**：对"你自己"的意识，对你存在的基本姿态的意识（你与他人、时间、社会、知识、意义、宗教之间的关系，以及你与本书涉及的其他许多主题之间的关系）。你现在已经知道，可以在尼采那里找到有关存在的绝佳建议，但你也知道，绝对不能断言存在对你来说已无任何秘密可言。尼采的哲学并没有给你提供答案（更没有现成的答案，尤其没有普世答案），他的哲学为你提供了让你以个性化姿态认识存在的方式。尼采不断暗示，**存在是无穷无尽的，你不应该让任何**

人代替你赋予它意义，代替你生活。

尼采告诉我们，对存在和生活的诠释是不可分割的。所以，阅读这位哲学家作品的过程绝非人生中一段空有理论的插曲，结束之后就会毫无变化地回到自己之前的生活习惯中。不，这是一段真正意义上的人生经历。与我们这位作者交流，即使只是在头脑里，也会自然地对你的未来产生影响。慢慢地，尼采会变成你的一部分。与其尝试将建议付诸实践，不如顺其自然地继续生活，同时观察其中的变化。我相信，随着时间的推移，你会意识到自己处理发生于自身的事件时方式发生了明显变化。**尼采启迪并邀请我们不懈寻求自己看待世界的独特视角**，而不是在公共路灯的昏暗光线下观察所有东西。

轮到你了！

那么，之后的某一天，你会打开尼采的某本书，来一场冒险吗？这绝对是有可能的！阅读本书之后，你将更轻松地读懂尼采的思想，而这正是我的目的：**鼓励你阅读尼采本人的作品！** 无论你翻开的是他书中的哪个篇章，都极有可能发现自己已能识别其中谈及的关键问题。本书各章节的内容会在你的脑海中产生共鸣，支持你的努力，引导你的目光，但绝不会强加给你某种单一的解释。

也许你会允许我以一段自白作为本书的结尾。我读尼采的时候已经太晚了，而在那之前我一直觉得自己没有准备好。**那时，我害怕错过他的精妙思想，更糟的是，还有一种想法在啃噬着我，让我害怕——它来自我以为我已经了解的东西，比如虚无主义。**有一天，这种恐惧被一种不能再等待的想法取代了。是时候了，我要采取行动，就好像再推迟下去，对我而言就是一种损失。我很高兴在职业生涯的前十年里（作为哲学老师兼研究员）抑制住了自己的好奇心。当我终于读到尼采的时候，我觉得那时的自己更能接受他的思想了。最后，我把他的作品全都读了一遍，我一页一页地读，越读越是欣赏，很少失望，偶尔有点儿迷茫，但大多数时候都极为惊讶。所以，作为一名哲学治疗师，我当然要把这本读物呈现给你。